Vedānta leben

Amma und Advaita

von Swami Ramakrishnananda Puri

Mata Amritanandamayi Center, San Ramon
Kalifornien, Vereinigte Staaten

Vedānta leben

Amma und Advaita

von Swami Ramakrishnananda Puri

Veröffentlicht von:
Mata Amritanandamayi Center
P.O. Box 613
San Ramon, CA 94583-0613, USA

In Deutschland: www.amma.de

In der Schweiz: www.amma-schweiz.ch

In Indien:
www.amritapuri.org
inform@amritapuri.org

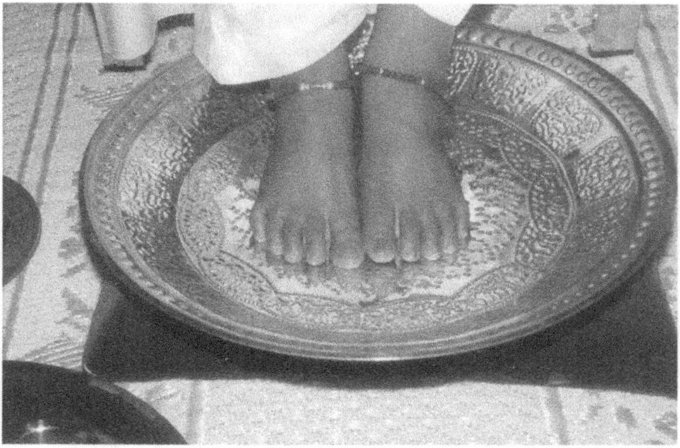

Gewidmet den Lotus-Füßen
meines geliebten Satguru
Sri Mata Amritanandamayi Devi

Inhalt

Sri Mata Amritanandamayi Devi

Durch ihre außergewöhnliche Liebe, ihr Mitgefühl und ihre Selbstlosigkeit wurde Sri Mata Amritanandamayi Devi, als „Amma“ bekannt, und für Millionen von Menschen auf der ganzen Welt zu etwas ganz Besonderem. Zärtlich umarmt sie alle, die zu ihr kommen und hält sie in einer liebevollen Umarmung an ihrem Herzen. Amma teilt ihre grenzenlose Liebe mit allen, unabhängig von Glauben, sozialen Status und dem Grund, weshalb sie zu ihr kommen. Auf diese einfache und doch so machtvolle Art verwandelt Amma das Leben unzähliger Menschen und hilft ihnen, „ihre Herzen erblühen“ zu lassen – Umarmung für Umarmung. In den vergangenen 45 Jahren hat Amma mehr als 40 Millionen Menschen aus allen Teilen der Welt umarmt. Inspiriert durch diese unermüdliche Hingabe, anderen zu helfen und sie zu erheben, hat sich ein weites Netzwerk karitativer Aktivitäten gebildet, in welchem die mithelfenden Menschen selber das tiefe Gefühl von innerem Frieden und innerer Erfüllung entdecken, das aus dem selbstlosen Dienst für Mitmenschen entsteht. Amma lehrt, dass das

Göttliche in allem existiert. Ganz gleich, ob empfindend oder nicht-empfindend. Dies als Wahrheit zu erkennen, ist die Essenz von Spiritualität – und damit das Mittel, alles Leiden zu beenden. Ammas Lehren sind universell. Wenn sie nach ihrer Religion gefragt wird, antwortet sie: „Meine Religion ist die Liebe." Sie fordert niemanden auf, an Gott zu glauben oder einen bestehenden Glauben zu ändern, sondern die eigene „wahre Natur" zu erforschen und an sich selbst zu glauben.

Einführung

Ob es uns bewusst ist oder nicht, wir haben nur ein Ziel im Leben: glücklich zu sein. Wir haben zwar auch andere Ziele, doch wenn wir uns diese genauer anschauen, werden wir feststellen, dass auch diese Ziele letztlich Versuche sind, Glück zu finden und glücklich zu sein. Unbewusst untersucht und prüft unser Verstand, unser *Mind*[1] ständig, inwiefern unsere verschiedenen Handlungen zum Glücklich-Sein hin oder davon wegführen.

Wenn wir uns sechs Handlungen der letzten 24 Stunden anschauen, wie: 1) geduscht und Zähne geputzt, 2) 20 Minuten meditiert, 3) gefrühstückt, 4) einen geliebten Menschen umarmt, 5) zur Arbeit gegangen und 6) eine Stunde lang ehrenamtlich für eine wohltätige Organisation gearbeitet. Dann sehen wir, wie

---

[1] Mind: Fluss all unserer Gedanken, Gefühle, Konzepte und innewohnenden Neigungen, der mit dem Pendel einer Uhr verglichen werden kann. Wie das Pendel einer Uhr schwingt der Mind ununterbrochen von Glück zu Leid und wieder zurück.

der direkte beabsichtigte Nutzen jeder dieser Handlungen sich unterscheidet. Der primäre, nur indirekt beabsichtigte Nutzen jeder dieser Handlungen ist jedoch das Glücklich-Sein. So kann man sagen, dass wir uns die Zähne putzen, um saubere Zähne und einen wohlriechenden Atem zu haben– aber warum wollen wir das? Ganz einfach: Karies ist schmerzhaft und schmälert unser Glücklich-Sein. Ebenso ist übel riechender Atem peinlich, und das Wissen, dass wir ihn haben, macht uns unsicher und beeinträchtigt uns somit.

Ähnlich kann die Einhaltung einer Meditationspraxis in dem Moment Glück bringen oder auch nicht. Menschen, die meditieren, sind jedoch der Überzeugung, dass Meditation sie im Großen und Ganzen glücklicher und friedlicher macht – selbst wenn die Praxis an sich manchmal mühsam erscheint. Das Frühstück macht uns alle glücklich. Aber sagen wir einmal, wir lassen das Frühstück wegfallen. Dann haben wir irgendwann vielleicht ausgerechnet, dass uns Abnehmen mehr Glück bringt als Pfannkuchen. Wie ein Supermodel einmal provozierend sagte: „Nichts schmeckt so gut, wie das Gefühl, schlank zu sein!“

Wir gehen vielleicht arbeiten, um Geld zu verdienen und einen Beitrag zur Gesellschaft zu leisten, aber warum wollen wir diese Dinge? Wir wissen, dass wir ohne Geld leiden würden. Außerdem fühlen sich viele Menschen unausgefüllt, wenn sie der Gesellschaft nicht auch etwas zurückgeben. Wir umarmen die, die wir lieben, weil diese Beziehungen durch das Geben und Empfangen von Zuneigung uns ein Gefühl der Ganzheit und des Glücklich-Seins vermitteln. Wir engagieren uns sogar freiwillig, weil wir glauben, dass es uns Glück bringt – in Form von positiven Gefühlen, die wir haben, wenn wir anderen helfen.

Ich habe diesen Punkt einmal einem Devotee gegenüber erwähnt, und er sagte, er sei nicht einverstanden. Er kannte viele Menschen, die sich nur aufgrund von sozialem Druck freiwillig engagieren würden. Ich wies ihn darauf hin, dass auch diese Motivation von dem Wunsch kommt, Glück zu erlangen. Wir wollen die Kritik unserer Mitmenschen vermeiden. Unser *Mind* geht davon aus, dass unser Glück mehr davon beeinträchtigt wird, wenn wir nicht mit den Werten unserer Mitmenschen übereinstimmen, als wenn wir eine Fahrt zur Suppenküche machen oder gar das Cricket- oder Basketballspiel verpassen. Letztlich ist alles, was wir tun, dazu gedacht, uns glücklich zu machen.

Amma drückt das auf ihre eigene Weise aus, indem sie sagt: „Unser Leben ist dazu bestimmt, in Liebe geboren zu werden, in Liebe zu leben und es in Liebe zu beenden." Was ist Liebe? Liebe ist Glück. Es sind Synonyme. Das Gefühl von Liebe und das Gefühl von Glück sind ein und dasselbe: Glückseligkeit, Frieden, Freude. Wie wir auf Sanskrit sagen: *Ananda.* Ammas Zitat endet hier noch nicht -sie sagt: „Unser Leben ist dazu bestimmt, in Liebe geboren zu werden, in Liebe zu leben und es in Liebe zu beenden. Aber, obwohl die meisten ihr Leben mit der Suche nach Liebe verbringen, sterben die meisten tragischer Weise, ohne sie jemals gefunden zu haben." Amma will damit sagen, obwohl wir unser ganzes Leben auf das Erfahren von Liebe und Glück ausrichten, scheitern wir kläglich darin. Wenn also unser *Mind* ständig überprüft und berechnet, was uns das meiste

Glück bringen könnte, hat er offenbar einige ganz grundlegende Fehler in der Berechnungsweise.

Diese Fehler werden im *Madhu Brāhmaṇa* der *Bṛhadāraṇyaka Upaniṣad* dargestellt. Hier können wir buchstäblich die Entwicklung einer „Glücksformel“ eines spirituellen Suchenden beobachten. So beschloss Yājñavalkya, seinen Haushalt zwischen seinen beiden Ehefrauen aufzuteilen und dann das Leben eines Wandermönchs zu führen, nachdem er *Atma-jñānaṁ* [Selbsterkenntnis] erlangt hatte. Yājñavalkya versteht bereits seine wahre Natur und er möchte sein Leben uneingeschränkt der Verinnerlichung dieses Verständnisses widmen, damit es all seine Gedanken, Worte und Handlungen durchdringt. Er möchte den geistigen Frieden, die Zufriedenheit und das Glück erfahren, die sich einstellen, wenn sich die Selbsterkenntnis ausbreitet und das Unbewusste erfüllt. Als er dies seinen beiden Frauen mitteilt, ist die eine, Kātyāyanī, mit seiner Entscheidung einverstanden und zufrieden. Die andere, Maitreyī, erkennt, dass ihr Mann etwas viel Wertvolleres besitzen muss, wenn er bereit ist, dafür alle seine Besitztümer und Beziehungen aufzugeben. Also möchte sie mehr darüber herauszufinden: „Vergiss mal die Hälfte deines Haushalts... Wenn ich alle Besitztümer der Welt hätte, würde mich das auch vom Tod befreien?“ Yājñavalkya gesteht bereitwillig ein, dass dem nicht so wäre „Du würdest es dir damit zwar sehr bequem machen können“, sagt er. „Aber eines Tages würdest du trotzdem sterben.“ Als Maitreyī das hört, begreift sie, dass all die Bequemlichkeit und das Glück, welche sie jetzt aus ihren Beziehungen und Besitztümern schöpfen kann, verschwinden wird, wenn sie durch den Tod von ihnen getrennt ist. Ihr *Mind* führt daraufhin eine Glücksberechnung durch: „Wie viel Glück kann ich für wie lange von all den Sachen von Yājñavalkya bekommen?“ Sie begreift: „Nicht so viel und für nicht sehr lange.“

Erfreut über die spirituelle Reife seiner Frau, beginnt Yājñavalkya, ihr von den Lehren über die Natur des Glücks und dessen Beziehung zu materiellen Besitztümern und Beziehungen zu erzählen:

sa hovaca na vā are patyuḥ kāmāya patiḥ
priyo bhavatyātmanastu kāmāya patiḥ
priyo bhavati | na vā are jāyāyai kāmāya

> jāyā priyā bhavatyātmanastu kāmāya jāyā priyā bhavati |
>
> Yājñavalkya sagte: „Nicht aus Liebe zum Ehemann, mein Liebling, wird er wertgeschätzt, sondern aus Liebe zu dir selbst. Und auch die Ehefrau wird nicht aus Liebe zu ihr wertgeschätzt, sondern aus Liebe zu sich selbst – nur deshalb ist sie lieb und teuer.“ [2]

Das ist eine schwer zu akzeptierende Wahrheit, aber für einen spirituell Suchenden eine wichtige. Jeder Mensch hat nur eine wahre Liebe: Es ist, war und wird immer nur er oder sie selbst sein. Alle anderen Formen der Liebe sind zweitrangig, sie sind der fundamentalen Selbstliebe untergeordnet.

Tatsächlich sagt uns Advaita Vedānta, dass ein Mensch nur zwei Dinge lieben kann: die Erfahrung des Glücks selbst und die verschiedenen Mittel, um diese Erfahrung des Glücks zu erlangen. In diesem Mantra gibt Yājñavalkya Maitreyī Einblick in die Natur von Beziehungen, einschließlich der eigenen, nun bald endenden Ehe. Er sagt zu ihr: „Du glaubst vielleicht, dass

[2] Bṛhadāraṇyaka Upaniṣad, 4.5.6

du mich liebst, aber in Wirklichkeit liebst du nur das Glück, das meine Anwesenheit, meine Handlungen usw. in deinem *Mind* erzeugen. Du liebst mich als wirksames Mittel für diese Glückserfahrung. Das ist auch der Grund, warum ich dich und auch Kātyāyanī ‚geliebt' habe."

Yājñavalkyas Lehre mag ziemlich hart erscheinen. Sie klingt fast nihilistisch, aber in ihr ist ein wahrer Diamant der Weisheit, des Lichts und der Liebe verborgen. Denn Yājñavalkya sagt nicht nur, dass Liebe ‚selbstsüchtig' mit einem kleinen ‚s' ist; er sagt auch, dass Liebe ‚Selbstsüchtig' mit einem großen ‚S' ist. Das heißt, Liebe ist von der Natur des Selbst – des Wahren Selbst, des *Atmā*. Die Liebe, die man durch Besitz und Beziehungen zu bekommen glaubt, kommt in Wirklichkeit gar nicht von diesen Objekten; sie kommt von innen. Sie ist die Manifestation der Glückseligkeit – die unsere wahre Natur ist – in unserem *Mind*. Es ist gerade diese Erfahrung, die Erfahrung, dass der eigene *Mind* die Glückseligkeit des *Atmā* widerspiegelt, die wir lieben und nach der wir uns sehnen. Wir meinen fälschlicherweise, die

Quelle dazu läge außerhalb. In Wirklichkeit ist diese Glückseligkeit das, was wir eigentlich sind.

Dieser Fehler ist der Grund, warum unsere Glücksformeln immer wieder scheitern: weil unsere Formeln den verschiedenen Mitteln zum Glück den höchsten Wert beimessen, doch nicht dem Glück selbst. Und alle Mittel in unseren Berechnungen – Geld, Häuser, Gesundheit, Beziehungen, Unterhaltung, Vergnügen usw. – sind begrenzt. Daher können sie nur die Bedingungen für ein begrenztes Maß an Glück schaffen, das sich für eine begrenzte Zeit in unserem *Mind* manifestiert. Wenn wir höchstes Glück, wahre Glückseligkeit erlangen wollen, dürfen wir es nicht als etwas verstehen, das durch äußere Mittel erschaffen wird, sondern als unsere grundlegende Natur. Wie Amma sagt: „Wir müssen von ‚ich liebe dich' zu ‚ich bin Liebe' übergehen."

Eine solche Veränderung kann nicht durch eine Handlung, egal ob weltlich oder heilig, erreicht werden, denn es ist keine physische Veränderung. Es ist eine Veränderung des Wissens: Wir müssen verstehen, dass die Liebe bereits unsere wahre Natur ist. Es ist also, wie

Vedānta sagt, *prāptasya prāptiḥ* – ‚das Erreichen des bereits Erreichten', die Entdeckung der Wahrheit: ‚Ich bin, war und werde immer die eine unendliche, ewige Quelle der Liebe und Glückseligkeit sein.'

Nehmen wir zum Beispiel an, es gäbe einen Mann namens Cletus, der irgendwie nicht weiß, dass er ein Mensch ist. Er glaubt, er sei ein Labrador-Retriever. Eines Tages jedoch setzt er sich in den Kopf, dass er gerne ein Mensch werden möchte. Cletus beschließt, dass dies seine wahre Bestimmung im Leben sei. Alles andere ist unwichtig. Er will alles tun, um das so schnell wie möglich zu verwirklichen.

Doch wie will Cletus das erreichen? Wenn er 10.000 Kilometer weit geht, wird er dann ein Mensch? Nein, wird er nicht. Was ist, wenn er aufhört, Hundefutter zu essen und Vegetarier wird? Nein. Was ist, wenn er lernt zu meditieren und dies 20 Stunden am Stück macht, während er das ‚nach unten gerichtete menschliche' *yogāsana* ausführt? Nein. Nichts von alledem kann Cletus menschlich machen. Und warum? Weil Cletus bereits ein Mensch ist. Er ist ein menschliches Wesen, das denkt, es sei ein Hund. Also kann nichts Cletus zu einem Menschen ‚machen', nicht einmal das Wissen, dass er ein Mensch ist. Denn er ist bereits ein Mensch.

Dies ist die Grundvoraussetzung des Advaita Vedānta. Nicht, dass wir Menschen sind und denken, wir seien Hunde, sondern dass wir alle Gott sind – die eine alles durchdringende Göttlichkeit – und denken, wir seien Menschen. Wie Amma sagt: „Göttlichkeit ist deine wahre Natur. Nichts kann das ändern. Wenn du darauf bestehst zu sagen: ‚Ich bin das Ego, der Körper, der *Mind* und der Intellekt', wird das keinen Unterschied machen. Deine wahre Natur wird durch dein mangelndes Verständnis nicht im Geringsten beeinträchtigt. Es ist, als würde man sagen, die Erde sei flach und nicht rund. Wenn du weiterhin predigst, dass die Erde flach ist, und du glaubst, dass es wahr ist, wird das dann die Form der Erde in irgendeiner Weise verändern? Nein, natürlich nicht. Ähnlich steht es dir frei zu glauben, dass du das Ego bist, und dass das Ego real ist, aber du wirst trotz allem weiterhin das bleiben, was du bist: *Atmā*. Deine göttliche Natur wird sich nicht ändern oder verringern, auch wenn du nicht daran glaubst."

Wie wir also glauben können, dass wir ein Hund oder ein Mensch sind, und die Realität doch unverändert dieselbe bleibt, so bleibt sie, egal ob wir nun glauben, wir seien das Ego oder *Atmā*, ebenso dieselbe. Die Wahrheit wird weder durch unsere Unwissenheit noch durch unser Wissen beeinflusst.

Warum betont Vedānta dann das Wissen so sehr? Weil das Leben reich und vollständig wird, wenn wir unsere wahre Natur verstehen. Wir erkennen, dass die Liebe und das Glück, nach denen wir unser ganzes Leben lang gesucht haben, nicht außerhalb von uns sind. Diese Liebe sind wir selbst – Gott. In diesem Wissen werden wir erfüllt. Das ständige Ringen um Zufriedenheit hat ein Ende. Danach sind unsere Handlungen nicht mehr auf das Nehmen, sondern auf das Geben ausgerichtet. Wir handeln nicht mehr aus einem Gefühl des Mangels, sondern aus einem Gefühl der Fülle und der Vollständigkeit heraus. Wir werden zu jemandem wie Amma, die in den Schriften als Verkörperung der Nächstenliebe beschrieben wird:

śāntā mahānto nivasanti santaḥ
vasantavalloka-hitaṁ carantaḥ |

> tīrṇāḥ svayaṁ bhīmabhavārṇavaṁ janān
> ahetunānyānapi tārayantaḥ ||
>
> Es gibt friedliche, großherzige Menschen, die wie der Frühling leben und anderen Gutes tun, und die, nachdem sie selbst diesen schrecklichen Ozean der weltlichen Existenz überquert haben, auch anderen helfen, ihn zu überqueren, ohne dabei irgendein selbstsüchtiges Motiv zu haben.[3]

So wie nur die Erkenntnis „Cletus, du bist kein Hund, du bist ein Mensch" Cletus im übertragenen Sinne davon befreien kann, ein Hund zu sein, so befreit uns allein *Atma-jñānam* im übertragenen Sinne von der falschen Vorstellung, wir seien Menschen – begrenzt, sterblich, gebunden und leidend. Diese Veränderung unseres Selbstverständnisses an sich bezeichnen wir als *mokṣa* – als Befreiung. Deshalb sagen die Gurus der Advaita-Vedānta-Linie mit Nachdruck: *kevalād-eva jnānād-mokṣaḥ* – „aus Wissen allein kommt Befreiung". [4]

[3] Ādi Śaṅkarācārya, *Vivekacūḍāmaṇi*, 37,

[4] Ādi Śaṅkarācāryas einleitender Kommentar zum dritten Kapitel der Bhagavad-Gītā.

Der Titel dieses Buches ist „Vedānta leben“. Er wurde gewählt, weil es das ist, was wir in Amma sehen – eine spirituelle Meisterin, deren Gedanken, Handlungen und Worte gänzlich im Einklang mit den Vedānta-Prinzipien stehen. Ebenso betont Amma, wann immer sie über Advaita spricht, dass Vedānta nicht etwas ist, worüber man nur redet, sondern etwas, das gelebt werden muss. Amma sagt: „Die Weisen haben äonenlang intensive spirituelle Praxis durchgeführt. Sie haben Vedānta tatsächlich gelebt. Die meisten von uns lesen nur die Schriften und halten Vorträge darüber. Doch das ist bloß eine intellektuelle Übung. Vedānta muss gelebt werden. Dies ist wahre Spiritualität. Der einzige Maßstab, unseren spirituellen Fortschritt wirklich beurteilen zu können, ist unsere Fähigkeit, ungeachtet der Umstände gleichmütig und geduldig zu bleiben, und spontan in unserem Herzen aufkommende Liebe und Empathie für die Mitmenschen empfinden zu können. Darauf muss unser Hauptfokus liegen.“

Ziel dieses Buches ist es daher, die Essenz spirituellen Wissens darzustellen, einen kurzen Überblick über den Prozess der Erlangung dieses

Wissens zu geben und aufzuzeigen, dass Advaita Ammas höchste Lehre ist. Weiterhin werden wir auch untersuchen, was Amma meint, wenn sie von „Vedānta leben" spricht und warum sie empfindet, dass dies für den spirituell Suchenden von solch zentraler Bedeutung ist.

1

Die Göttin des Wissens

In der indischen Kultur wird Wissen als das Höchste angesehen – höher als alles andere. Es wird sogar vergöttert und als Göttin *Sarasvatī*, als die göttliche Mutter verehrt. Jede Versammlung oder Veranstaltung beginnen wir mit dem Anzünden einer Öllampe, deren Flamme für das Wissen steht. Die Bedeutung hinter diesem Anzünden der Lampe ist: „So wie diese Flamme den dunklen Raum erhellt, möge sich das Wissen in uns allen ausbreiten und die Dunkelheit der Unwissenheit beseitigen.“ Der Dichter Bhatṛhari pries einst das Wissen mit dem folgenden Zweizeiler:

na cora-hāryaṁ na ca rāja-hāryaṁ
na bhrātṛ-bhājyaṁ na ca bhārakārī |
vage gute vardhata eva nityaṁ
vidyā-dhanaṁ sarva-dhana-pradhānam ||

Weder dem Diebstahl unterworfen, noch der Besteuerung; weder einklagbar von einem

> Bruder, noch jemals eine Last. Es wächst immer, wenn es benutzt wird. Der Reichtum des Wissens ist der größte Reichtum.

Der Grund, warum Wissen in der indischen Kultur ein so hoher Stellenwert eingeräumt wird, ist dessen enorme Transformationskraft. Unser Verständnis von Objekten, von Menschen, von Gott etc., begründet unsere Einstellung zu diesen. Unsere Einstellungen wiederum sind es, die unsere Gedanken, Worte und Handlungen bestimmen. Damit ist Wissen die Grundlage für unser gesamtes Leben. Durch die Erweiterung des Wissens kommt es zu einer vollständigen Transformation. Derzeit ist unser Wissen über uns selbst und die Welt voller Fehler. Deshalb sind unsere Interaktionen mit der Welt und mit anderen Menschen problematisch. Nur wenn wir unsere Missverständnisse über unsere eigene Natur und die Natur der Welt korrigieren, werden unsere Handlungen harmonisch, - so wie die von Amma.

Amma veranschaulicht diese Wahrheit mit einem Beispiel: „Einmal gab es in der Schule ein ungewöhnliches Problem. Einige Mädchen begannen, Lippenstift zu benutzen und nutzen dafür die Spiegel in den Toilettenräumen der Schule. Das war so weit in Ordnung; aber nachdem sie ihren Lippenstift aufgetragen hatten, entfernten sie den überschüssigen Lippenstift, indem sie ihre Lippen an die Spiegel drückten. Dabei hinterließen sie viele kleine Lippenabdrücke auf den Spiegeln. Am Ende jeden Tages musste der Hausmeister stundenlang die Lippenabdrücke von den Spiegeln entfernen. Er versuchte, die Schülerinnen zu informieren. Er hängte Schilder in den Toiletten und am Schwarzen Brett auf. Aber niemand interessierte sich dafür. Schließlich reichte er eine offizielle Beschwerde bei der Schulleiterin ein. Bald darauf kam sie, um die speziellen Hinterlassenschaften der Schülerinnen zu begutachten. Sie beruhigte den Hausmeister und sagte, sie würde alle Schülerinnen herbeizitieren und sich darum kümmern. Am nächsten Tag rief die Direktorin alle Schülerinnen zu den Toiletten, wo sie gemeinsam mit dem Hausmeister wartete. Sie erklärte zunächst, dass all diese Lippenabdrücke ein großes Problem für den Hausmeister darstellten, da er jeden Tag alle Spiegel reinigen müsse. Aber keine der Schülerinnen hörte wirklich zu.

Amüsiert vom Desinteresse der Schülerinnen, bat die Direktorin den Hausmeister, zu demonstrieren, wie er die Spiegel sauber machte. Er nahm einen langen Wischer, tauchte ihn in eine Toilette, hob ihn hoch und reinigte dann damit die Spiegel. Die Schülerinnen schrien: ‚Igitt! Die Spiegel werden auf diese Weise gereinigt?' Der Hausmeister antwortete: ‚Ja, die Spiegel werden jeden Tag so gereinigt. Unnötig zu sagen, dass es nie wieder Lippenstiftabdrücke auf den Spiegeln gab."

Wenn Amma diese Geschichte erzählt, sagt sie: „Der *Satsang* der Schulleiterin und die Wahrnehmung der Mädchen gingen Hand in Hand. Sie verstanden blitzschnell und das veränderte unmittelbar ihr Denken, ihre Gefühle und ihr Handeln."

Dies ist die Macht des Wissens. Die Schülerinnen hatten alle eine bestimmte Vorstellung bezüglich der Spiegel, nämlich dass sie sauber seien. Als sie ihr eigenes, frisch geschminktes Gesicht darin sahen, empfanden sie Liebe für ihr Spiegelbild. Diese Einstellung veranlasste sie dazu, ihr Spiegelbild zu küssen. So bestimmte das Wissen die Einstellung, und die Einstellung ihr Handeln. Doch dann zeigten die Schulleiterin und der Hausmeister den Schülerinnen, dass ihr Verständnis hinsichtlich der Spiegel fehlerhaft war. Die Spiegel waren nicht sauber; sie waren mit Wasser aus der Toilette gewischt. Mit ihrem neuen Verständnis bezüglich der Spiegel veränderte sich die Einstellung der Schülerinnen von Anziehung zu Abscheu. Und sofort änderte sich auch ihr Verhalten.

Wie Licht, erhellt und klärt Wissen missverstandene Dinge auf. Doch von allen Wissensgebieten ist die Selbsterkenntnis besonders: Sie verwandelt uns vollständig. Durch Selbsterkenntnis verändert sich ein für alle Mal unsere Vorstellung, wer wir sind. Es gibt unendlich viele Formen des Lernens. Was das Studium der Naturwissenschaften anbelangt, so zeigt sich: Je mehr wir lernen, desto mehr wissen wir, was wir nicht wissen. Wenn wir das Gefühl einer inneren Unvollkommenheit haben, wird das Studium der Naturwissenschaften an diesem Gefühl nichts ändern. Wir mögen zwar über Geschichte, Physik, Nanowissenschaften, Chemie usw. Bescheid wissen, aber wir werden uns weiterhin fremd, einsam, deprimiert und unvollkommen fühlen.

Dies wird in der Chāndogya Upaniṣad wunderschön beschrieben. Dort wendet sich Nārada, ein hochgelehrter Mann, an einen Weisen namens Sanat Kumāra. Nārada hat von seiner Größe gehört und möchte sein Schüler werden. Er stellt sich vor und zählt all seine verschiedenen Errungenschaften und Leistungen auf. Es ist eine ziemlich lange Liste: Alle Fächer, die er studiert hat, alle Künste, die er gemeistert hat, die verschiedenen Wissenschaften und Wissenszweige, die Abschlüsse, die er erreicht hat usw. Es ist eine ziemlich beeindruckende Liste. Die Aufzählung scheint ewig zu dauern. Aber dann, nachdem er diese gewaltige Liste beendet hat, bekennt Nārada: *so 'haṁ bhagavaḥ śocāmi* – „Ehrwürdiger, ich bin immer noch traurig." Die *Upanishad* erklärt dann, dass Wissen tatsächlich die Antwort ist, aber nicht materielles Wissen. Was benötigt wird, ist nicht das Wissen über Objekte, sondern das Wissen über das Subjekt selbst: *tarati śokam ātmavit* – „Der Kenner des Selbst überwindet das Leid."[1]

[1] Chāndogya Upaniṣad, 7.1.3

Das ist die Quintessenz von Spiritualität. Amma sagt genau dasselbe: „Wenn wir unser Leben in dem Wissen leben, dass *Atmā* die wahre Quelle des ewigen Friedens ist, dann können wir Leid und Kummer vermeiden und überwinden." Ich erinnere mich, dass ein Journalist Amma einmal bat, die Essenz der Spiritualität in einem einzigen Satz zusammenzufassen. Ammas Antwort war: „Erkenne dein Selbst."

Wie Nārada haben wir viele Dinge im Leben erreicht. Das Problem ist, dass wir von diesen erreichten Dingen dauerhaftes Glück erwarten. Kunst und Literatur zu studieren, etwas über die Welt und die Wissenschaften zu lernen, das ist wunderbar. Es kann unser Leben in vielerlei Hinsicht bereichern, aber es wird uns nicht zu wahrem, dauerhaftem Glück führen. Das liegt nicht an unserem Versagen, sondern, dass dieses Wissen dazu nicht geeignet ist. Von solchen erreichten Fähigkeiten echtes Glück zu erwarten, ist so, als würde man auf dem Postamt Schmuck erwarten.

Es soll einmal zwei Wirtschaftswissenschaftler gegeben haben, die in einem Park spazieren gingen. Da sagte der eine zum anderen: „Wenn du mich dir ins Gesicht schlagen lässt, gebe ich dir 5.000 Dollar.“ Der zweite Ökonom denkt kurz nach und stimmt dann zu. Bumm! Er bekommt einen Schlag ins Gesicht. Der erste Wirtschaftswissenschaftler stellt ihm einen Scheck über 5.000 Dollar aus, und sie gehen weiter. Ein paar Minuten später sagt der zweite Wissenschaftler: „Hey, wenn du mich dir ins Gesicht schlagen lässt, gebe ich dir 5.000 Dollar“. Der erste Ökonom stimmt zu und – bumm! – bekommt einen Schlag ins Gesicht. Während er noch ein Stück weitergeht, bleibt der erste Ökonom stehen. Er sieht seinen Freund an. Sie haben beide blutige Nasen. Er sagt: „Ich kann mir nicht helfen, aber ich habe das Gefühl, dass wir beide gerade grundlos ins Gesicht geschlagen wurden.“ Der zweite Ökonom antwortet: „Was? Wir haben das Bruttoinlandsprodukt gerade im Alleingang um 10.000 Dollar erhöht!“

Der Punkt dabei ist, dass materielles Streben und objektives Wissen ihren eigenen Wert haben. Aber vom Standpunkt des Glücks aus ist dieser Wert bestenfalls theoretisch.

Vedānta erklärt, dass wir mit einem grundlegenden Missverständnis bezüglich der Welt, ihrer Objekte und unserer eigenen Natur – wer wir sind – durchs Leben gehen. Leider bestimmen diese Missverständnisse unsere Einstellung zur Welt und zu uns selbst. Mehr noch, diese Einstellungen, die auf Verwirrungen und Verwechslungen basieren, bestimmen unseren gesamten Lebensverlauf. Wenn wir diese Missverständnisse korrigieren, würden sich unsere negativen Einstellungen zum Positiven verändern und wir würden Frieden und Harmonie im Leben finden. Unser Leiden würde verschwinden. Damit dies geschieht, ist allein Wissen erforderlich – wahres Wissen über uns selbst.

Lassen Sie mich dieses Kapitel mit einem Beispiel abschließen: Einmal ging ein Mann zu seiner jährlichen medizinischen Untersuchung. Der Arzt führte einige Tests durch und sagte ihm, er solle nächste Woche wiederkommen. Eine Woche später kommt der Mann zurück und wird zum Arzt gerufen. Der Arzt bittet ihn, sich ihm gegenüberzusetzen und beginnt, intensiv auf seinen Computerbildschirm zu schauen. Plötzlich runzelt der Arzt die Stirn und sagt: „Nein, nein, nein, das ist überhaupt nicht gut.“

Der Mann versteinert augenblicklich. „Was ist es, Herr Doktor? Ist es Krebs?“

„Was?“, sagt der Arzt. „Nein, Ihnen geht es gut. Mein Golf-Kumpel hat gerade unsere Abschlagsmarkierung geändert.“

Vedānta sagt, dass wir alle wie dieser Patient sind. Da wir die Natur der Welt und das, was wir sind, missverstehen, werden wir von Spannungen und Ängsten erfüllt. Der Arzt sagt seinem Patienten: „Nein, Sie sind in Ordnung“, und sofort findet er Frieden. In ähnlicher Weise werden auch wir Frieden finden, wenn wir die Botschaft, die Amma und die Schriften uns vermitteln, richtig verstehen und verinnerlichen. „Mach dir keine Sorgen; dir geht es gut“ – das ist die wesentliche Lehre von Vedānta. Der Unterschied zwischen der Diagnose des Arztes und der von Vedānta ist, dass der Arzt über den Körper spricht. Vedānta spricht über unser wahres Selbst, *Atmā*. Der Körper wird mal gesund und mal krank sein, aber *Atmā* ist ewig, immer ohne Leid, immer rein, immer glückselig und immer frei.

2

Die Schere der Unterscheidung (Viveka)

Das Wissen über das Selbst ist sehr subtil. Das liegt daran, dass das Wissensobjekt überhaupt kein Objekt ist; es ist das Subjekt. Denken wir an all die verschiedenen Formen von Wissen, die wir gegenwärtig besitzen, wie Wissen über Sport, Musik, Geografie, über unsere Verwandten, über die Materie, Mathematik usw.; In all diesen Bereichen ist das Objekt unseres Wissens etwas anderes als wir, es ist unterschiedlich von uns. Wir wissen das, weil wir, zwei verschiedene Dinge haben, wenn wir uns mit dem jeweiligen Fachgebiet befassen: Ich, das Subjekt und dann die Wissenschaft, das Objekt meines Studiums. Die Molekularbiologie, das Studium der inneren Prozesse der Moleküle, ist eine subtile Wissenschaft im Vergleich etwa zur Anatomie. Und die Psychologie könnte als noch subtiler angesehen werden, da sie sich mit etwas beschäftigt, das nicht einmal mikroskopisch, sondern unsichtbar ist – die inneren Prozesse vom *Mind.* Aber subtiler als all diese Wissenschaften ist das Studium von *Atmā.* So subtil auch die inneren Prozesse eines Moleküls sind, sie sind dennoch objektivierbar. Ebenso können wir die Psyche nicht sehen, aber wir können ihre Auswirkungen erkennen. *Atmā* jedoch ist nicht wahrnehmbar, ganz gleich, wie hoch entwickelt unsere wissenschaftlichen Instrumente auch sind. Denn es gibt keine wahrnehmbaren Eigenschaften. Daher erklären die Upanischaden, dass *Atmā anubhyo 'aṇu* ist – „Subtiler als das Subtile"[2]. Und: *naiva vācāna manasā prāptuṁśakyo na cakṣuṣā* – „Er kann nicht durch Sprache, den *Mind* oder durch das Auge erreicht werden."[3] Und: *yato vāco nivartante, aprāpya manasā saha* – „Da die Worte *Atmā* nicht erreichen, kehren sie zusammen mit dem *Mind* zurück."[4] Amma sagt das Gleiche: „Die Wissenschaft befasst sich mit der objektiven Welt, während die Spiritualität sich mit der subjektiven Welt – der Essenz

[2] Muṇḍaka Upaniṣad, 2.2.2

[3] Kaṭha Upaniṣad, 2.3.12

[4] Taittirīya Upaniṣad, 2.9.1

der eigenen Existenz – befasst. Bei ersterem geht es um die sichtbare (betrachtbare) Welt. Beim Zweiten geht es ausschließlich um den Betrachter, das ihm innewohnende Selbst, ohne das die vielfältige Welt der Namen und Formen gar nicht existiert. Das eine ist grobstofflich, das andere feinstofflich. *Atmā* zu verstehen ist also nicht so einfach, wie den Körper und dessen Wünsche zu verstehen. Für Menschen fühlt es sich natürlicher an, nach dem Bekannten zu streben, als nach dem Unbekannten, welches in Wirklichkeit das eigene Wahre Selbst ist. So streben sie eher nach bekannten, weltlichen Objekten als nach den subtilen Prinzipien der Spiritualität und des Lebens.“

Solche Aussagen zu hören, mag uns irritieren. Schließlich wird uns gesagt, dass wir *Atmā* nicht anfassen können. Wir können ihn auch nicht sehen, hören usw. Mehr noch, er kann nicht einmal Gegenstand unserer Gedanken sein. Gleichzeitig wird uns aber gesagt, dass das Wissen darüber der einzige Weg ist, um Frieden, Glück und das Gefühl der Vollkommenheit zu erlangen, dem unser ganzes Leben gewidmet ist. Das klingt paradox. Vielleicht geht es uns damit wie einer jungen Frau, der bei ihrer Einstellung von ihrem Chef gesagt wurde: „Vergessen Sie alles, was Sie auf dem College gelernt haben. Das ist hier nutzlos!“ Die Frau antwortete: „Aber ich war nie auf dem College.“ Daraufhin antwortete der Chef: „Sie sind gefeuert. Wir stellen nur Akademikerinnen ein.“

Aber wir brauchen uns keine Sorgen zu machen. Unsere Frustration nachempfindend, sagen uns die *scriptures* (vedischen Schriften) Schriften, wo wir anfangen können. Darin heißt es, wenn wir *Atmā* nicht direkt als „es ist dies“ erkennen können, können wir versuchen, ihn in umgekehrter Weise zu erkennen, als „es ist nicht dies“. Wenn wir die Dinge auf diese Weise ausschließen, können wir vielleicht irgendwann im Ausschlussverfahren zu unserer wahren Natur gelangen. Natürlich identifiziert sich niemand mit der äußeren Welt; das Problem ist unsere Identifikation mit den verschiedenen Aspekten des Körper-*Mind*-Komplexes.

In den *scriptures* wird diese Methode durch verschiedene Erklärungsmodelle dargestellt. Einige davon sind: *pañca-kośa Viveka* – Unterscheidung zwischen dem Selbst und den fünf

Hüllen; *śarīra-traya Viveka* – Unterscheidung zwischen dem Selbst und dem grobstofflichen, feinstofflichen und kausalen Körper; und *avasthā-traya Viveka* – Unterscheidung zwischen dem Selbst und dem Wachzustand, dem Traumzustand und dem Tiefschlafzustand. Dies sind alles verschiedene Methoden, um das gleiche Ziel zu erreichen. Durch jedes System wird uns klar, dass unser Körper-*Mind*-Komplex nicht das Selbst ist. Deshalb bezeichnen wir diese Systeme im Allgemeinen als *Atma-anātma viveka* – Unterscheidung zwischen dem Selbst und dem Nicht-Selbst.

In seiner umfassenden advaitischen Abhandlung „Viveka-cūḍāmaṇi" [„Das Kleinod der Unterscheidung"] befasst sich Śrī Ādi Śaṅkarācārya in mehr als 50 Versen mit einer gründlichen Darlegung von *pañca-kośa Viveka*.[5] Es ist ein sehr hilfreiches System, das die menschliche Persönlichkeit in fünf *kośas* [Hüllen] unterteilt, von denen jede subtiler ist als die vorherige. Dies sind *annamaya kośa* – die Nahrungshülle,

[5] Die ursprüngliche Quelle des *pañca-kośa viveka* findet sich im zweiten Kapitel der Taittirīya Upaniṣad, bekannt als Brahmānanda Vallī.

d.h. der physische Körper, dessen Grundlage die Nahrung ist, die wir zu uns nehmen. *Prāṇamaya kośa* – die Energiehülle, die unser gesamtes neurologisches, kardiovaskuläres, endokrines System usw. steuert. *Manomaya kośa* – die mentale Hülle, die die Sinnesorgane sowie alle unsere Gedanken und Gefühle umfasst. *Vijñānamaya kośa* – die Hülle, die unser Selbstwertgefühl als eigenständiges Individuum umfasst, also das Ego, das handeln will und glaubt: „Ich bin der Denkende, der Handelnde und der Erfahrende.“ Schließlich *ānandamaya kośa* – die Hülle der erlebten Glückseligkeit.

In dem Text erklärt Śaṅkarācārya ausführlich jeden *kośa* und warum keine von ihnen *Atmā* sein kann. So präsentiert er beispielsweise zehn Gründe, warum *Atmā* nicht *annamaya kośa* – der physische Körper[6] – sein kann: 1) *Atmā* ist ewig, und der Körper ist es eindeutig nicht. 2) *Atmā* ist rein, und der physische Körper ist voller Unreinheiten. 3) *Atmā* ist empfindungsfähig, und der physische Körper an sich ist empfindungslos. 4) Es gibt viele verschiedene physische Körper, doch nur ein *Atmā.* 5) Der

[6] Vivekacūḍāmaṇi, 154-164

physische Körper hat Eigenschaften, *Atmā* ist frei von Eigenschaften. 6) *Atmā* ist unveränderlich, der physische Körper verändert sich ständig. 7) Der physische Körper hat keine unabhängige Realität und *Atmā* ist die einzige unabhängige Realität. 8) Der physische Körper hat Teile, wie Arme und Beine, und *Atmā* hat keine Teile. 9) Der physische Körper wird kontrolliert, während *Atmā* das Kontrollierende ist. Und 10) *Atmā* ist nicht wahrnehmbar, aber wir alle können unsere Körper deutlich sehen.

Śaṅkarācārya's Argumente sind logisch. Allerdings ist die Logik oft eine besondere Logik – eine, beruhend auf dem Wissen und dem Glauben der alten Schriften. Nehmen wir zum Beispiel sein Argument, dass der physische Körper etwas anderes sein muss als *Atmā*, weil *Atmā* ewig ist und der physische Körper nicht. Die Sterblichkeit des physischen Körpers ist eindeutig. Wir sind uns alle der Tatsache bewusst, dass Fleisch, Muskeln, Knochen irgendwann, wenn sie nicht verbrannt werden, verwesen werden. Wir können logisch zu dieser Schlussfolgerung kommen, durch die Analyse alle physischen Körper, die wir auf der Welt sehen.

Alle sterben. Daraus können wir logisch ableiten, dass auch unser Körper sterben wird. Aber dass die Natur des Selbst ewig ist – wie können wir das wissen? Das ist eine Frage des Glaubens. Unsere einzige Informationsquelle dafür sind die heiligen Schriften und die Lehren von *Mahatmās* wie Amma. Wenn wir sie studieren, werden wir sehen, dass die Bhagavad-Gītā sagt:

> na jāyate mriyate vā kadācit
> nāyaṁ bhūtvā'bhavitā vā na bhūyaḥ |
> ajo nityaḥśāśvato'yaṁ purāṇo
> na hanyate hanyamāne śarīre ||

> „Niemals wird dieses Eine geboren, und niemals stirbt es; es ist auch nicht so, dass es, nachdem es entstanden ist, wieder aufhört zu sein. Dieses Eine ist geburtslos, ewig, unvergänglich, uralt; es wird nicht getötet, wenn der Körper getötet wird." [7]

Und was sagte Amma, als sie als Teenager von einigen Dorfbewohnern umgebracht werden sollte, weil sie nicht aufhören wollte, *Darśan* zu geben? Sie lächelte und sagte: „Ich habe keine

[7] Bhagavad-Gītā, 2.20

Angst vor dem Tod. Man kann diesen Körper töten, aber *Atmā* ist unsterblich, unzerstörbar. Man kann *Atmā* nicht töten.“ (Welches Mitgefühl Amma hat! Kṛiṣhṇa mag Arjuna *Atma-jñānam* auf dem Schlachtfeld gelehrt haben, aber Amma versuchte sogar, ihren potenziellen Mördern Selbsterkenntnis zu schenken.)

Um diese Logik anwenden zu können – dass der physische Körper nicht *Atmā* sein kann, weil er nicht ewig ist wie *Atmā* –, müssen wir die Schriften und Worte von *Mahatmās* wie Amma studiert haben. Wir sollten sie nicht nur studiert haben, wir müssen auch an sie glauben. Sobald diese Basis gegeben ist, können wir die Natur des Selbst (Unsterblichkeit) mit der Natur des physischen Körpers (Sterblichkeit) vergleichen und zu dem Schluss kommen, dass dieser physische Körper nicht *Atmā* sein kann. Rein logisch betrachtet könnten wir bestenfalls sagen: „Wenn es wirklich etwas gibt, das *Atmā* genannt wird und das unsterblich ist, dann muss es sich von diesem physischen Körper unterscheiden, der eindeutig sterblich ist.“

Ich kann Ihnen zum Beispiel erklären, dass die Upanischaden sagen: *prajñānaṁ Brahma*

– „Bewusstsein ist *Brahman* ."[8] Wenn man an die Schriften glaubt, ist das eine machtvolle Aussage. Aber wenn Sie das nicht tun, können Sie sich umdrehen und sagen: „Das ist wunderschön, Swāmīji. In Star Wars, Episode IV - Eine neue Hoffnung sagt Obi Wan Kenobi: ‚Die Macht wird immer mit dir sein', aber ich werde mein Leben nicht darauf aufbauen!" Da viele Menschen, die dieses Buch lesen, sich vielleicht nicht mit den indischen Schriften auskennen, und auch, um kurz und bündig zu sein, wird das System von *Atma-anātma Viveka*, das wir verwenden werden, *dṛg-dṛśya Viveka* genannt – die Unterscheidung zwischen dem Sehenden und dem Gesehenen. Dieses System ist rein logisch und erfordert zur Anwendung kein Wissen aus den Schriften.

Dṛg-dṛśya Viveka basiert auf einigen logischen Prinzipien:

1) Eine Substanz und ihre Eigenschaften können niemals physisch getrennt werden.

2) Da eine Substanz und ihre Eigenschaften nicht physisch getrennt werden können, müssen sie zusammen erfahren werden.

---

[8] Aitareya Upaniṣad, 3.1.3

3) Wenn die Substanz und ihre Eigenschaften zusammen ein erfahrenes Objekt bilden, dann muss es ein erfahrendes Subjekt geben, das sich sowohl von der Substanz als auch von deren Eigenschaften unterscheidet.

4) Daher gehören alle erfahrenen Eigenschaften zu einer erfahrenen Substanz; sie können niemals zu mir gehören, dem erfahrenden Subjekt.

Betrachten wir das erste Prinzip: Eine Substanz und ihre Eigenschaften können niemals physisch getrennt werden. Wir können dies an einem Beispiel verdeutlichen – dem Feuer. Was sind die Haupteigenschaften von Feuer? Wärme und Licht. Wir können kein kaltes oder dunkles Feuer haben. Können wir nun diese Eigenschaften von ihrer Substanz trennen? Können wir die Eigenschaft „Wärme“ vom Feuer abspalten und sie dem Objekt Feuer zur Seite stellen? Nein, das ist unmöglich. Auch wenn wir vielleicht intellektuell die Substanz „Feuer“ von dem Attribut „Hitze“ abgrenzen können, können wir die beiden nicht physisch trennen. Die Beziehung zwischen einer Substanz und ihren Attributen wird daher *samavāya saṁbandha* genannt – eine inhärente Beziehung. Dies ist also unser erstes logisches Gesetz: Eine Substanz und ihre Eigenschaften können niemals physisch getrennt werden.

Unser nächster Schritt ist eine Erweiterung dieses ersten Gesetzes. Stellen Sie sich eine Reihe von Eigenschaften vor: dick, dünn, schwarz, rot, rund, weich, scharf... Keines dieser Attribute kann ohne eine Substanz erfahren werden. Wenn ich dann sagen würde: „Haben Sie das spitze gespürt?“, würde das keinen Sinn ergeben. Ihre Frage wäre sofort: „Das spitze was?“ Das liegt daran, dass – wie wir gerade festgestellt haben – ein Attribut niemals physisch von seiner Substanz getrennt werden kann. Und doch erleben wir spitze Dinge, rote Dinge, dünne Dinge, runde Dinge. Wenn wir also die Eigenschaft von spitz erfahren können und wissen, dass kein Attribut von seiner Substanz getrennt werden kann, dann kommen wir zu der Erweiterung: Alle erfahrenen Attribute gehören zu erfahrenen Substanzen. Ich kann also nicht die Spitze der Nadel erfahren, ohne gleichzeitig die Nadel selbst zu erfahren. Genauso wenig kann ich die Nadel erfahren, ohne ihre Spitze zu erfahren. Die Erfahrung der Substanz und ihres Attributs ist eine einzige Erfahrung. Alle erfahrenen Attribute gehören zu erfahrenen Substanzen.

Als Nächstes kommt ein zweites logisches Gesetz, das für *Advaita* essenziell ist: Das erfahrene Objekt kann niemals das erfahrende Subjekt sein. Ein Erfahrender kann niemals sein eigenes Erfahrungsobjekt werden. Nehmen wir zum Beispiel, das Auge – unser Sehorgan. Auf seine eigene relative Weise ist dieses Organ ein erfahrendes Subjekt. Mit seiner Sehkraft kann es wahrhaftig eine unendliche Anzahl von Objekten sehen: den Fernseher, die Tür, unsere Familienmitglieder, unsere eigenen Hände und Füße, die Wolken am Himmel, den Berg in der Ferne und sogar das Licht, das von Billionen von Kilometern entfernten Sternen ausgeht. Unter den richtigen Umständen kann ein Augapfel sogar den eigenen anderen Augapfel sehen. Aber es gibt eine Sache, die ein Augapfel nicht sehen kann: Ein Augapfel kann sich selbst nicht direkt sehen. Daher kann kein erfahrenes Objekt jemals das erfahrende Subjekt sein.

Und nun der letzte Schritt: Da alle erfahrenen Attribute – Dicke, Größe, Form, Hitze,

Kälte usw. – zu erfahrenen Substanzen gehören, kann folglich kein erfahrenes Attribut zu mir, dem erfahrenden Subjekt, gehören.

Wenn wir die *pañca-kośas* eine nach der anderen nehmen, was sehen wir dann? Unsere Haut kann schwarz, braun oder weiß sein. Sie kann Muttermale, Sommersprossen oder Narben haben. Sie kann haarig, glatt oder faltig sein. Wie auch immer, all dies sind Attribute und damit Teil der Substanz, die wir Körper nennen. Diese singuläre Erfahrung des Körpers und seiner Eigenschaften ist eindeutig ein Objekt meiner Erfahrung. Da kein erfahrenes Attribut zu mir, dem erfahrenden Subjekt gehören kann, kann ich nicht der Körper und seine Attribute sein. Wenn wir versuchen, durch den Prozess der Eliminierung herauszufinden, wer wir sind, dann können wir dank dieses logischen Prozesses den Körper definitiv streichen.

Auf ähnliche Weise können wir in gewissem Maße die Eigenschaften von *prāṇamaya-kośa* – der Energie, die durch den Körper fließt – erfahren. Diese Energie spiegelt sich in unserer Verdauung, unserem Herzschlag, dem Blutdruck, der Temperatur und der Atemfrequenz wider.

All diese Eigenschaften gehören zur Substanz der körperlichen Energie. Ich kann sie erfahren. Daher kann ich nicht die Substanz und diese Eigenschaften sein.

Was ist mit dem *Mind –manomaya-kośa*? Auch das ist eine Substanz mit Eigenschaften, die wir erfahren können. Jemand fragt uns: „Wie geht es dir?" Und wir sagen: „Oh, ich bin sehr glücklich", oder vielleicht: „Ich bin heute ein wenig traurig." Wir erleben die Eigenschaften von Glück und Trauer. In ähnlicher Weise erleben wir, wenn unser Gedächtnis schnell oder langsam reagiert, wenn wir von Zweifeln oder Überzeugungen erfüllt sind. All dies wird von uns deutlich wahrgenommen. Überzeugung, Zweifel, Verlangen, Glück, Frustration, Depression, Trauer, Hochgefühl, Eifersucht, Gier usw. – all dies sind Eigenschaften, welche zu der Substanz gehören, die „*Mind*" genannt wird. Wenn ich diese Attribute eindeutig erfahre, erfahre ich auch die Substanz selbst. Da kein erfahrenes Objekt das erfahrende Subjekt sein kann, bedeutet dies auch, dass ich nicht der *Mind* – mit all seinen wechselnden Eigenschaften – sein kann.

Die nächste Ebene unserer Persönlichkeit ist *vijñānamaya-kośa*. Diese umfasst den Intellekt und das, was als *Ahaṅkāra* bezeichnet wird – das Ego. Es ist die *vijñānamaya-kośa*, die uns das Gefühl gibt, ein getrenntes, begrenztes Individuum zu sein, das mit den Qualitäten von *kartṛtvaṁ, bhoktṛtvam* und *pramātṛtvam* ausgestattet ist – mit Handlungs-, Genuss- und Erkenntnisfähigkeit. Es ist dieser Aspekt unserer Persönlichkeit, der sagt: „Ich tue dies", „Ich habe das erfahren", „Ich denke so". Sind wir mit dem Gefühl der z.B. Eifersucht erfüllt, dann sind wir mit *manomaya-kośa* identifiziert, kommt der Gedanke auf: „Ich bin die Person, die eifersüchtig ist." So sind wir mit der *vijñānamaya-kośa* identifiziert.

Jede mehr nach innen gerichtete Hülle wird zunehmend subtiler. Daher wird es bei jeder darauffolgenden Hülle zunehmend schwieriger, sie vom Wahren Selbst, vom *Atmā* zu trennen. Aber auch hier können wir feststellen: allein die Tatsache, dass wir über diesen Aspekt unserer Persönlichkeit sprechen können, weist darauf hin, dass wir ihn als Objekt unserer Wahrnehmung erfahren. Kommen und gehen nicht auch die Überzeugungen „Ich tue dies", „Ich erlebe das“, „Ich denke jenes“ in unsere und aus unserer Erfahrung?

Gewiss, im Tiefschlaf löst sich das Selbst-Gefühl, ein begrenztes Individuum, getrennt von allem andern zu sein auf. Beim Aufwachen erscheint es jedoch sofort wieder. Doch auf wundersame Weise bewahren wir eine vage Erinnerung an eine nicht zeitliche Erfahrung, in der es abwesend war – in der wir nichts als eine leere, unergründliche Glückseligkeit erlebten. Obwohl *Ahaṅkāra* also sehr subtil ist, ist *Ahaṅkāra* dennoch eindeutig ein Objekt unserer Wahrnehmung. Śaṅkarācārya weist in seinem abschließenden Kommentar zur Bhagavad-Gītā darauf hin:

> Wenn die ständige, verblendete Meinung, „der Körper usw. sei *Atmā*“, im Tiefschlaf oder im *samādhi* aufgehoben wird, hört das Übel – das Gefühl des Handelnden und des Genießers auf, wahrgenommen zu werden. [9]

Auch Amma bezieht sich auf die Tiefschlaf-erfahrung, um uns zu zeigen, dass das Ego und seine Konzepte von „Ich“ und „mein“ eine vergängliche Erfahrung sind und wir darum

[9] Śaṅkarācāryas Kommentar zu Bhagavad-Gītā, 18.66

nicht – das Subjekt – sein können. Amma sagt: „Ein kleines Mädchen wünscht sich eine Puppe so sehr, dass es deshalb mehrere Stunden lang weint. Schließlich bekommt es eine Puppe und spielt eine Zeit lang damit. Es lässt nicht zu, dass jemand anderer sie berührt. Zum Einschlafen schmiegt es sich eng an die Puppe. Doch dann, während es schläft, rutscht die Puppe zu Boden und das Kind bemerkt es nicht einmal. Oder ein Mann versteckt sein Gold unter das Kopfkissen und schläft mit dem Kopf auf dem Kissen ein. Aber während er schläft, kommt ein Dieb und stiehlt alles. Als er wach war, konnte der Mann an nichts anderes als an sein Gold denken, und deshalb hatte er keine Ruhe. Aber im Schlaf vergaß er alles; er war sich weder seiner selbst, noch seiner Familie, noch seines Besitzes bewusst. Sobald wir aufwachen, kommen ‚meine Puppe', ‚meine Halskette' und ‚meine Familie' zurück. Wenn das Gefühl des ‚Ich' zurückkehrt, kehrt auch alles andere zurück."

Schließlich kommen wir zur subtilsten aller *kośas*, die *ānandamaya-kośa*. Wörtlich „die Glückseligkeit-hülle", wir nehmen die *ānandamaya-kośa* immer dann wahr, wenn wir

Glück, Freude, Seligkeit erfahren. Zwar wird sie am stärksten im Tiefschlaf erfahren, doch immer dann, wenn wir uns maßlos freuen, weil wir etwas erreicht haben, was wir uns wünschten, ist das die Erfahrung von *ānandamaya-kośa*. Wir können den Zustand des Tiefschlafs nicht aktiv über einen längeren Zeitraum hinweg beobachten, weil sich der *Mind* mit seiner Fähigkeit, die Zeit zu bewerten, während des Tiefschlafs vorübergehend auflöst. Wenn wir jedoch aufwachen, erinnern wir uns vage, dass wir glückselig waren. Was meinen Sie, warum wir denn sonst so gerne schlafen? Warum sagen wir: „Nein! Nur noch fünf Minuten!“, wenn uns jemand sagt, dass wir aufstehen müssen? Das liegt daran, dass wir im traumlosen Schlaf vorübergehend in einem Ozean der Glückseligkeit schwimmen. Amma sagt: „Im Tiefschlaf gibt es nur Glückseligkeit. Die Glückseligkeit, die wir im Tiefschlaf erleben, gibt uns die Energie, die wir beim Aufwachen empfinden.“ In diesen Phasen des Tiefschlafs löst sich der *Mind* auf. Mit ihm löst sich auch unsere Wahrnehmung von Zeit und Raum auf. Und trotzdem erleben wir die *ānandamaya kośa*. Wir wissen das, weil wir alle mit der vagen Erinnerung aufwachen: „Ich wusste nichts; ich war glückselig.“ Wir erinnern uns daran wie an eine Erfahrung – allerdings eine, die von Zeit und Raum losgelöst ist. Die Tatsache, dass wir diese Erinnerung haben, beweist, dass die Glückseligkeit, die wir im Tiefschlaf erfahren, verschieden von uns ist.

Nun taucht vielleicht die Frage auf: „Wie kann ich mich an etwas erinnern, das sich ereignet hat, als die mentalen Prozesse aufgelöst waren, die für die Aufzeichnung von Erinnerungen zuständig sind?“ Wir können zwar nicht genau sagen, „wie“ das geschehen ist, aber wir müssen davon ausgehen, dass es geschehen ist, sonst hätte niemand von uns diese Erinnerung. In der indischen Erkenntnistheorie bezeichnen wir diese Art des Wissens als *arthāpatti* – als Vermutung. Das klassische Beispiel: Wenn ein Mensch sehr dick ist und tagsüber nie etwas isst, dann können wir annehmen, dass er nachts isst. Ebenfalls: Wenn wir all die Erinnerung haben, dass wir während des Tiefschlafs glückselig waren, selbst wenn wir es nicht erklären können, wie diese Erinnerung zustande gekommen ist, müssen wir irgendwie die Erfahrung der Glückseligkeit gemacht haben.

Und selbst das Glück, das wir tagsüber erleben, ob es nun das Glück bei einer guten Nachricht oder beim Essen von Eiscreme ist, oder wenn wir Zeit mit geliebten Menschen verbringen, wird als Objekt erlebt. Wie sonst könnten wir es so bewerten? „Oh, ich war damals glücklich, aber nicht so!" usw. Selbst die Glückseligkeit, die Yogis im *samādhi* erfahren, ist ein Objekt. Deshalb kommt sie, wenn der *Yogī* in diesen Zustand eintritt, und geht, wenn er ihn verlässt. Ganz gleich, ob im *samādhi*, im Tiefschlaf oder wenn wir erfahren, dass wir im Lotto gewonnen haben – jede Glückseligkeit, die wir erfahren, muss definitionsgemäß ein Objekt sein, ein Objekt unserer Erfahrung. Daher ist sie das Attribut einer Substanz – nennen Sie sie *ānandamaya kośa* oder wie immer Sie wollen. Ich erlebe die Substanz und ihre Eigenschaften. Daher kann Ich es nicht sein – das Subjekt.

Unser Problem besteht darin, dass wir uns selber diese äußeren Substanzen und ihre Eigenschaften – die eindeutig Objekte unserer Erfahrung sind – zuordnen. Die bloße Tatsache jedoch, dass wir sie erfahren, bedeutet, dass sie zweifellos Objekte sind, nicht unser Selbst. In seinem Kommentar zur *Bṛhadāraṇyaka Upaniṣad* lehnt Śaṅkarācārya entschieden ab, dass irgendetwas Erfahrenes das Selbst sein kann. Er sagt, dass sogar die Aussagen „Ich weiß es nicht. Ich bin verwirrt“ usw. nicht Eigenschaften des Selbst kennzeichnen, sondern es die Eigenschaften, Erfahrungen von dem *Mind* sind, die sich vom Selbst unterscheiden, so wie es die Erfahrung eines Gefäßes tut:

„Du sagst, dass ein Mensch denkt ‚Ich weiß nicht, ich bin verwirrt.‘ Damit gibst du aber zu, dass er seine Unwissenheit und Verwirrung vor Augen hat, mit anderen Worten, dass diese, Objekte seiner Erfahrung sind. Wie können also Unwissenheit und Verwirrung, die Objekte sind, gleichzeitig eine Beschreibung des Subjekts, des Wahrnehmenden, sein? Wenn sie eine Beschreibung des Subjekts wären, wie könnten sie dann Objekte sein und vom Subjekt wahrgenommen werden? Ein Objekt wird durch einen Akt des Subjekts wahrgenommen. Das Objekt ist eine Sache, und das Subjekt eine andere; es kann nicht durch sich selbst wahrgenommen werden.“ [10]

[10] Śaṅkarācāryas Kommentar zu Bṛhadāraṇyaka, 4.4.6

Durch diese logische Vorgehensweise von *dṛg-dṛśya Viveka* – die den Sehenden vom Gesehenen, den Wahrnehmenden vom Wahrgenommenen, den Wissenden vom Gewussten unterscheidet – finden wir also heraus, dass nichts, was wir erfahren, das sein kann, was wir sind. Vedānta fragt: „Woher weißt du, dass du es nicht bist?" Und antwortet: „Wenn du es erfährst, bist du es nicht." Alle unsere physischen Eigenschaften gehören zu diesem physischen Körper – nicht zu uns. All unsere Emotionen und Gefühle gehören zum *Mind* – nicht zu uns. All unsere Gedanken und Ideen gehören zum Intellekt – nicht zu uns. Alles erlebte Glück ist ebenfalls ein Objekt – nicht wir.

Auf diese Weise zu unterscheiden, wird oft als der Prozess des *neti neti* bezeichnet – „Nicht dies, nicht das" [11]. Amma selbst bezieht sich oft auf diese Methode der Unterscheidung zwischen dem Nicht-Selbst und dem Selbst. Um dies zu veranschaulichen, erzählt sie sogar eine Geschichte. „Wir brauchen *Viveka*", sagt Amma. „Wir müssen verstehen, dass wir nicht dieses begrenzte Individuum sind, sondern etwas jenseits

[11] Bṛhadāraṇyaka Upaniṣad, 2.3.6

davon. Wir müssen so lange unterscheiden, bis wir dort jenseits angekommen. Einmal wurde der Vater krank, und der Sohn machte sich auf den Weg, um in der Apotheke Medikamente zu besorgen. Als er zurückkam, war der Strom ausgefallen. Im Zimmer war es stockdunkel. Nachdem er die Tür erreicht hatte, bestand seine Aufgabe darin, seinen Vater zu finden, denn dieser musste die Medizin sofort nehmen. Der Sohn betrat das Zimmer und konnte nicht erkennen, wo das Bett seines Vaters stand. Also streckte er seine Hände aus und berührte alles, was er finden konnte. Zuerst erreichte er den Stuhl. „Das ist nicht der Ort, an dem mein Vater liegt“. Dann erreichte er den Tisch. Wieder: „Das ist der Tisch. Das ist nicht, wo mein Vater ist“. Dann erreichte er den Schrank, und er sagte: „Das ist der Schrank. Da ist mein Vater auch nicht“. Derart näherte er sich langsam seinem Vater. Schließlich erreichte er das Bett und konnte seinem Vater die Medizin geben. In ähnlicher Weise müssen wir immer wieder unterscheiden: *neti neti* – ‚Ich bin nicht dies, ich bin nicht das‘. Auf diese Art wird uns klar: Ich bin nicht der Körper, ich bin nicht der *Mind*, ich bin nicht der

Intellekt. Meine wahre Natur ist *Atmā*. Wenn wir fortwährend, so unterscheiden, werden wir allmählich darüber hinausgelangen.

Dank dieses Prozesses erkennen wir, dass wir all die Dinge nicht sind, von denen wir dachten, wir seien sie. Nicht der Körper, nicht der *Mind*, nicht die Sinnesorgane, nicht der Intellekt. Nicht einmal derjenige, der Handlungen ausführt und der die Ergebnisse erfährt. Ähnlich verhält es sich mit allen Eigenschaften von dem *Mind*: Angst, Eifersucht, Ärger, Depression, Frustration, Unwissenheit... Das sind nicht meine Eigenschaften. Das sind alles nur wechselnde Eigenschaften der Substanz, die „*Mind*" genannt wird. Ich bin Zeuge des *Mind* und seiner sich verändernden Eigenschaften. Auf diese Weise gelangen wir zu einer sehr rätselhaften Wahrheit, die genau entgegengesetzt von dem ist, was wir ursprünglich dachten. Zuvor dachten wir: „Ich erlebe Traurigkeit. Deshalb bin ich traurig." Und jetzt, durch vedantische Unterscheidung, erkennen wir: „Ich erfahre Traurigkeit, deshalb bin ich nicht traurig." Wenn der Traurige irgendwie *Atmā* wäre, würde dies einen anderen *Atmā* erfordern, um den trauernden *Atmā* zu erkennen.

Um diesen *Atmā* wiederum zu erkennen, wäre noch ein weiterer *Atmā* erforderlich, was zu dem logischen Irrtum des unendlichen Regresses führt.

Es gibt eine Geschichte, die diesen Punkt darstellt: Ein Geschäftsmann fällt in Depressionen. Sein ganzes Leben hat er damit verbracht, immer mehr und mehr Reichtum anzuhäufen. Dann, eines Tages, wird er krank. Er geht zum Arzt, und der sagt: „Es tut mir schrecklich leid, aber Sie haben vielleicht noch sechs Monate zu leben – bestenfalls ein Jahr." Das Leben zieht an seinen Augen vorbei. Ihm wird klar, dass sein ganzes Geld bald nutzlos sein wird. Seine schicken Autos, seine Rolex-Uhren, seine Vorzeigefrau – nichts davon wird er mitnehmen können. Etwa einen Monat lang fällt er in Depressionen. Dann sagen seine Freunde zu ihm: „He, so kannst du nicht weiterleben. Wir haben von einem *Sādhu* gehört, der in einem Wald in der Nähe lebt. Er soll sehr weise sein. Vielleicht kann er dir helfen."

Also machen sie sich auf den Weg und finden bald darauf den *Sādhu*. Der Mann erklärt ihm sein Problem – sowohl das von seiner Krankheit als das auch von seiner tiefen Depression. Der *Sādhu* sagt: „Du leidest also an Depressionen?“ Der Geschäftsmann sagt: „Ja, deshalb bin ich zu dir gekommen. Um Linderung zu erhalten.“ Darauf sagt der *Sādhu*: „Nun, wenn du Depressionen erlebst, dann kannst du nicht depressiv sein.“ Und der *Sādhu* begann dem Mann all die Dinge zu erklären, die wir besprochen haben: wie das Subjekt niemals sein eigenes Objekt sein kann usw. Und der Geschäftsmann ist plötzlich hocherfreut. Er erkennt, dass nicht er depressiv war; sein *Mind* war depressiv. Und dieses Verständnis an sich reduzierte den Aufruhr in seinem *Mind*. Er erkennt, dass seine Krankheit zum Körper gehört – und damit nicht zu ihm. Er – das Wahre Selbst – war überhaupt nicht krank. Und diese neue Erkenntnis macht ihn noch glücklicher. Schließlich wirft sich der Geschäftsmann dem *Sādhu* zu Füßen und sagt: „O Swāmīji, du bist ein wahrer erleuchteter Meister. Ich bin so glückselig!“ Daraufhin sagte der *Sādhu*: „Nein, du bist nicht glückselig. Du bist derjenige, der sich der Glückseligkeit bewusst ist, die sich in deinem *Mind* widerspiegelt. Du – das ewige Subjekt – kannst niemals das Objekt deiner eigenen Erfahrung sein.“

3

Ein Tuch in zwei Hälften geschnitten

Amma sagt uns oft, wir sollen *siṁhāvalokana-nyāya* anwenden – die Maxime des zurückblickenden Löwen. Wenn ein Löwe sich vorwärts bewegt, bleibt er gelegentlich stehen und blickt über seine Schulter zurück. Amma sagt, dass wir im spirituellen Leben das Gleiche tun sollten. Wir müssen gelegentlich innehalten und zurückblicken, um zu sehen, wo wir gewesen sind, und um sicherzustellen, dass wir weiterhin Fortschritte machen. Bevor wir hier fortfahren, sollten wir also zurückblicken.

Wir wollen die wahre Natur des Selbst kennen, denn die *Mahatmās* und die Schriften haben uns gesagt: *tarati śokamātmavit* – „Wer sein Selbst erkennt, überwindet das Leid". Aber dann wurde uns auch gesagt, dass wir nie in der Lage sein werden, das Selbst als Objekt des *Mind* oder der Sinne zu erkennen. Deshalb haben wir beschlossen, dass der beste Weg, das Selbst zu erkennen, das Ausschlussverfahren ist – das Streichen all der Dinge, die nicht das Selbst sein können. Dazu haben wir die Methode angewandt, uns von allen erfahrenen Objekten zu unterscheiden. Wir taten dies, auf Basis der logischen Wahrheit, dass das erfahrende Subjekt niemals das erfahrene Objekt sein kann. Auf diese Weise strichen wir alle üblichen Verdächtigen: den physischen Körper, die den Körper erhaltende Lebenskraft, den *Mind* und den Intellekt, unser Selbstgefühl, mit den Gedanken „ich tue", „ich erlebe" und „ich denke". Selbst das erfahrungsbedingte Glück haben wir negiert. Sie alle haben dasselbe solide Alibi: „Du erfährst mich, also kann ich nicht du sein."

An dieser Stelle werden manche unruhig. Denn es hört sich langsam so an, als seien wir gar nichts – eine Zwiebel ohne Mitte. Alles, was wir je erlebt und erfahren haben, wurde logisch negiert und als „Nicht-Ich" weg-geschält. Die Vorstellung, dass wir letztlich nichts sind, wird *śūnya-vāda* genannt – die Theorie der Leere. Einige große Logiker sind sogar zu dem Schluss gekommen, dass dies die Realität sei.

Glücklicherweise kommen zur Rettung noch größere Logiker, wie Śaṅkarācārya, mit dem Gleichnis vom zehnten Mann.

Zehn Brahmacārīs wollten auf eine Pilgerreise zu einem Tempel gehen, der eine Tagesreise entfernt lag. Der Guru übertrug dem Ältesten die Verantwortung und befahl ihm, dafür zu sorgen, dass alle heil zurückkehren sollten. Sie machten sich zu Fuß auf den Weg. Nach ein paar Stunden kamen die Brahmacārīs an einen Fluss und hatten keine andere Wahl, als ihn zu durchwaten. Der Älteste kletterte ans andere Ufer und beschloss alle zu zählen, um sicherzugehen, dass niemand ertrunken war. Doch als er zählte, kam er nur auf neuen Personen. Er geriet in Panik. „Oh, nein! Einer von uns ist ertrunken? Wer von uns fehlt?“ In seiner Panik zählte er noch einmal nach, aber wieder waren es nur neun. Schließlich kam ein Bootsmann aus dem Dorf vorbei. Als er die Männer in Panik sah, fragte er, was das Problem sei. Der älteste Brahmacārī erzählte es ihm. Der Bootsmann brach in Gelächter aus: „Narr! Du hast dich nicht gezählt. Du bist der 10. Mann.“ [12]

Genau das passiert uns, nachdem wir uns von *pañcakośas* abgegrenzt haben, geraten wir in Panik und denken: „Mein Gott! Die Nihilisten hatten recht; letztlich gibt es wirklich nichts als das Nichts!“ Glücklicherweise versäumen wir es hier, gleich wie jener älteste Brahmacārī, uns selbst mitzuzählen.

So sind wir selbst im sogenannten *śūnyaṁ* – der allumfassenden Leere – in Wirklichkeit noch da und beobachten *śūnyam*. Wenn wir nicht wären, wer dann sollte da sein, um *śūnyam* zu beobachten. So bleiben wir selbst – das ultimative Subjekt, der Beobachter, der Zeuge, das Bewusstsein – bestehen, auch wenn alles, was wir erfahren, negiert wird. Das ist es, was wir sind: das reine, absolute Bewusstsein, das

[12] Die Parabel vom 10. Mann wird von Śaṅkarācārya in seinem Kommentar zur Bṛhadāraṇyaka Upaniṣad, 1.4.7, und zur Taittirīya Upaniṣad, 2.1.1, sowie in seiner Abhandlung Upadeśa Sāhasrī angeführt. Die ganze Geschichte wird im siebten Kapitel eines Traktats aus dem 14. Jhh. Namens Pañcadaśī, verfasst von Swāmī Vidyāraṇya, erzählt.

niemals ein Objekt, sondern immer das Subjekt ist. Wie Amma sagt: „Wenn du diese Wahrheit erkennst: ‚Ich bin nicht der Körper; ich bin das Selbst, das reine Bewusstsein‘, dann ist wahres Wissen erwacht.“

So einfach das auf dem Papier erscheint, so schwierig ist es, dieses Wissen zu verinnerlichen. Denn alles, was wir bislang je gekannt haben – seit uralten Zeiten – ist ein Objekt gewesen. Daher ist es nur natürlich, dass wir dazu neigen *Atmā* genauso, als ein weiteres Objekt zu erkennen. Die „Erkenntnis des Selbst“ gleicht jedoch nicht dem Erkennen eines Objekts, denn das „Ding“, das wir erkennen sollen, ist überhaupt kein „Ding“. Es ist das Wissende aller Dinge. Bei allen anderen Formen des Wissens objektivieren wir das Wesen, das wir kennen; hier begreifen wir, dass es das Subjekt ist.

Alle wahrgenommenen Phänomene zu negieren und uns selbst als das Zeugenbewusstsein zu begreifen, ist die Essenz des Nirvāṇa Ṣaṭakam-s*totraṁ* von Śaṅkarācārya, das Amma regelmäßig singt:

Manobuddyahaṅkāra cittāni nāhaṁ.
na caśrotra-jihve na ca ghrāṇa-netre |

na ca vyoma bhūmirna tejo na vāyuḥ
cid-ānanda-rūpaḥśivo'haṁśivo'ham ||

na ca prāṇa-saṁjño na vai pañca-vāyuḥ
na vā sapta-dhātuḥ na vā pañcakośaḥ |
na vāk-pāṇi-pādaṁ na copasthapāyu
cid-ānanda-rūpaḥśivo'haṁśivo'ham ||

na me dveṣa-rāgau na me lobha-mohau
mado naiva
me naiva mātsarya-bhāvaḥ |
na dharmo na cārtho na kāmo na mokṣaḥ
cidānanda-rūpaḥśivo'haṁśivo'ham ||

Ich bin weder Mind noch Intellekt, weder Ego noch Gedächtnis.
Ich bin weder Ohr noch Zunge, nicht Geruchssinn noch Sehkraft.
Noch bin ich Äther, Erde, Feuer, Wasser oder Luft.
Ich bin reines Bewusstsein, Glückseligkeit.
Ich bin Shiva! Ich bin Shiva!

Ich bin weder die Lebenskraft noch die fünf lebenserhaltenden Lüfte,
weder die sieben Elemente des Körpers noch seine fünf Hüllen.
Noch Hände, Füße oder Zunge, weder Geschlechts- oder Ausscheidungsorgane.

Ich bin reines Bewusstsein, Glückseligkeit.
Ich bin Shiva! Ich bin Shiva!

Ich kenne weder Abneigung noch Vorlieben,
weder Gier noch Verblendung und hab kein
Sinn für Ego oder Stolz.
Hab weder religiöse Verdienste noch Reichtum,
weder Genuss noch Befreiung.
Ich bin reines Bewusstsein, Glückseligkeit.
Ich bin Shiva! Ich bin Shiva!

Der Prozess der Negation, der in diesen Versen beschrieben wird, lässt uns mit der Überzeugung zurück, dass „ich das Einzige bin", das bleibt, wenn alles andere negiert wird: Ich bin das reine Bewusstsein. Aber Śaṅkarācārya sagt nicht nur *cid-rūpa* – unsere Natur ist Bewusstsein. Er sagt *cid-ānanda-rūpa* dessen Natur Bewusstsein-Glückseligkeit ist. Und wonach haben wir anfangs gesucht? Nicht nach Bewusstsein. Unsere Suche, die Suche der gesamten Menschheit, ist die Suche nach Glückseligkeit, Glück, Frieden, dem Gefühl einer unermesslichen Liebe.

Richtig?

Wo ist dann die Glückseligkeit? In Wirklichkeit können wir durch diesen Unterscheidungsprozess,

Atma-anātma Viveka, unermesslichen Frieden und Glück erlangen. Wenn wir diese Unterscheidung zwischen dem Körper-*Mind*-Komplex und dem, was wir wirklich sind, durchführen können, ist das ein großer Sprung in unserem spirituellen Fortschritt. Denn allein so können wir verstehen, dass all „unsere" sogenannten Probleme in Wirklichkeit gar nicht „unsere" Probleme sind. Physische Probleme – Gesundheitsprobleme, Schönheitsprobleme usw. – gehören entweder zum physischen oder zum physiologischen Körper. Nicht zu mir. Emotionale Probleme – Angst, Ärger, Eifersucht, Minderwertigkeitskomplexe – gehören zum *Mind*. Nicht zu mir. Das Gleiche gilt für kognitive Probleme, Gedächtnisprobleme, Verständnisprobleme usw. Sie gehören nicht zu mir. Und was ist mit meinen Beziehungsproblemen? Probleme mit Freunden, Familie und Kollegen? Sind diese Probleme meine Probleme – Probleme des reinen Bewusstseins? Unmöglich. Alle Beziehungen basieren auf dem Körper und *Mind* – es sind Verbindungen auf physischer, emotionaler oder intellektueller Ebene. Also sind auch diese Probleme nicht meine Probleme. Wie Amma sagt: „Wenn wir wissen, dass wir jenseits dieses Körpers sind – dass wir das ewige Prinzip, das höchste Bewusstsein sind und nichts unsere wahre Natur berühren kann –, verschwindet die Unsicherheit. Mit solcher Überzeugung kann man in jeder Situation furchtlos sein. Selbst wenn es ein Erdbeben oder einen Tsunami gibt, hat man die Haltung der Akzeptanz und versteht, dass alles nur dem äußeren Bereich schaden kann, das wahre Ich jedoch unberührt bleibt. Dann werden wir in der Lage sein, jegliche Ängste und Unsicherheiten zu überwinden – sei es die Angst, unsere Position zu verlieren oder die Angst vor dem Tod. All diese Ängste verschwinden, wenn du weißt, dass deine wahre Natur jenseits all dieser Veränderungen existiert. Wenn du verstehst, dass dieses ewige Prinzip durch nichts berührt werden kann, bleibst du in jeder Situation furchtlos. Alle Erfahrungen, wie Glück und Leid, Beleidigung und Lob, Hitze und Kälte, Geburt und Tod, gehen an dir vorbei. Du bleibst jenseits von alledem, als Beobachter und Zeuge– die Basis aller Erfahrungen – und beobachtest alles spielerisch wie ein Kind."

In Amma können wir sehen, wie man voller Frieden sein kann, wenn man sich nicht mit dem Körper-*Mind*-Komplex und den nie endenden Problemen der Welt identifiziert.

Dazu ein Beispiel: In Kerala gibt es eine Menge Boulevardzeitschriften in der Landessprache. Die meisten dieser kleinen Zeitschriften sind dabei oft eindeutig ideologisch und die Vorstellung, dass es so etwas wie Selbst-Verwirklichung gibt und dass sie in einem göttlichem Altruismus gipfelt, ist einigen dieser Gruppen ein Gräuel. Daher nehmen sie Amma gelegentlich mit faktisch unbelegten Artikeln ins Visier. Erst kürzlich schrieb jemand, Amma habe verkündet, dass sie niemals sterben werde, sondern sich vorher in einen schwarzen Stein verwandeln werde. Amma würde so etwas nie sagen. Er wollte damit versuchen, Amma in ein schlechtes Licht zu stellen, um den Glauben der Devotees zu untergraben. Dann würden die Devotees es vielleicht in Erwägung ziehen, sich auf die Seite seiner politischen Partei zu begeben, die streng atheistisch ist und deswegen sagt, dass es so etwas wie Selbst-Verwirklichung nicht gibt.

Vor etwa 30 Jahren schrieb eine solche Zeitschrift eine bösartige Geschichte, in der Ammas Charakter angegriffen wurde. Wir hatten damals kaum Zeitungen im Ashram, aber einige Devotees, die den Artikel gelesen hatten, waren sehr verletzt und informierten mich. Als ich das Geschriebene las, wurde ich ebenfalls wütend. Sobald ich die Möglichkeit hatte, ging ich zu Amma, um ihr alles mitzuteilen. Der Hauptvorwurf im Artikel lautete wie folgt: Amma und die Ashrambewohner hätten einen Tunnel unter dem Ashram gegraben, durch diesen seien Drogen in die Mitte des Arabischen Meeres geschmuggelt worden, wo ein Schiff mit einem CIA-Kapitän hinkommt und diese dann nach Amerika bringen würde. Zudem wurde Ammas respektlos bei ihrem Vornamen genannt: Sudhamani.

Als ich Amma darüber informierte, sagte sie: „Aber mein Sohn, du weißt, dass nichts davon wahr ist. Warum stört dich das?“

Ich sagte: „Amma, lass das. Ich kann diese Beleidigungen deines Namens nicht ertragen.“

Und dann sagte Amma etwas, das mich sehr verblüffte: „Warum sollte es mich beleidigen? Ich bin nicht Sudhamani?"

Dies war ein Ausdruck von Ammas *Viveka.* Amma erinnerte mich daran, dass sie mit dem reinen Bewusstsein, dem Selbst identifiziert ist. Wenn jemand glaubt, er greife Amma an, indem er diesen 1 Meter 50 großen, weiblichen Körper mit dunkler Haut und einem Nasenring verspottet oder verleumdet, dann ist er ein Narr.

Genauso war es, als ein Filmemacher, der einen Dokumentarfilm über interreligiöse Harmonie drehte, Amma bat, sich mit den Worten vorzustellen: „Hallo, mein Name ist Sri Mata Amritanandamayi Devi, und ich bin eine hinduistische spirituelle und humanitäre Führungspersönlichkeit aus Indien." Amma hatte in ihrem Leben noch nie etwas Derartiges gesagt. Deshalb lachte sie nur, als der Dokumentarfilmer sie bat, diesen Satz zu sagen. Aber nach einer Weile wurde Amma klar, dass jeder Abschnitt des Dokumentarfilms von Menschen verschiedener Religionen eingerahmt wurde, die sich alle auf diese Art vorstellten, und sie hatte Mitleid mit dem Regisseur. Sie wollte seine Pläne nicht durchkreuzen. Also sagte Amma plötzlich: „Diese sichtbare Form nennen die Menschen ‚Amma' oder ‚Mata Amritanandamayi Devi', aber das innewohnende Selbst hat keinen Namen und keine Adresse. Es ist all-durchdringend."

Durch *Atma-anātma viveka* müssen wir langsam beginnen, die Dinge auf diese Weise zu betrachten. Das bedeutet nicht, jegliches Gefühl der Eigenverantwortung aufzugeben. Die meisten unserer Probleme müssen so weit wie möglich bewältigt werden, und zwar auf dharmische Art und Weise. Wir müssen unsere Beziehungen pflegen, uns um unsere Gesundheit, unsere Familie und unser Bankguthaben kümmern. Wir müssen unsere Pflichten bei der Arbeit erfüllen und als spirituelle Suchende sicherstellen, dass wir alles in unserer Macht Stehende tun, um den *Mind* zu entwickeln und zu erhalten, welcher diszipliniert, friedlich und voll guter Werte ist. Aber wer ist derjenige, der diese Pflicht hat? Auch das sind nicht wir. Es ist eine Pflicht des *Ahaṅkāra* – des Ego. Wir sind der Beobachter der Bemühungen des *Ahaṅkāra*, seiner Erfolge und Misserfolge.

Wenn wir in dieser Weise kontemplieren, werden wir entdecken, dass unsere Reflexion einen winzigen Raum zwischen uns und unseren Problemen schafft. Halten wir an dieser Sichtweise fest, so wird sich dieser Raum allmählich vergrößern. Auf der Ebene des Ich erfüllen wir immer noch unsere inneren und äußeren Pflichten. Aber auf der Ebene des neu entdeckten Wahren Selbst gibt es nichts zu tun. Wir sind der Beobachter, der nie gestört wird, selbst wenn der *Mind* gestört wird. All das, was wir beobachten – auch der äußerst gestresste und angespannte *Mind* –, sind nicht wir. Wir sind allein das Beobachter-Bewusstsein.

Auf diese Weise reduzieren wir das ganze Universum auf nur zwei Dinge: uns Selbst – das nicht erfahrbare Beobachter-Bewusstsein – und alles andere. Gegenwärtig sehen wir natürlich alles außerhalb unseres Körpers als die Welt. Aber auf dieser ersten Stufe von Vedānta lernen wir, all die Dinge, die wir zuvor wahllos als Teil unseres Selbst betrachtet haben, in die Welt hinauszuschieben. Der Körper, die Lebensenergie, der *Mind*, der Intellekt, sogar das Gefühl, etwas zu tun usw. – all das wird nicht mehr als

Ich gesehen. So wie wir die Welt immer als von uns getrennt erlebt und verstanden haben, so lernen wir nun auch, diesen Körper-*Mind*-Komplex als von uns getrennt zu erfahren. Er ist nur ein weiterer Teil des Kosmos – lediglich ein Stück des Kosmos, zu dem ich, das Beobachter-Bewusstsein, einen intimeren Zugang habe. Diese Ansicht wird an mehreren Stellen in der Gītā zum Ausdruck gebracht:

> naiva kiṁcit-karomīti
> yukto manyeta tattvavit |
> paśyañśṛṇvan-spṛśaṇ-jighran
> aśnan-gacchan-svapañśvasan ||
> pralapan-visṛjan-ghṛṇan
> unmiṣan-nimiṣannapi |
> indriyāṇīndriyārtheṣu
> vartanta iti dhārayan ||

Der Weise, der im Selbst zentriert ist, sollte denken: „Ich tue gar nichts" – obwohl er sieht, hört, berührt, riecht, isst, geht, schläft, atmet, spricht, sich entleert, festhält, die Augen öffnet und schließt –, fest verankert im Gedanken, dass sich die Sinne unter den Sinnesobjekten bewegen.[13]

[13] Bhagavad-Gītā, 5.8-9

Und:

tattvavit-tu mahābāho.
guṇa-karma-vibhāgayoḥ |
guṇā guṇeṣu vartanta
iti matvā na sajjate ||

Doch, oh mächtiger, derjenige, der die Wahrheit über den Unterschied zwischen [sich selbst] und den Guṇas und zwischen [sich selbst] und dem Karma kennt, indem er denkt: „die Sinnesorgane befassen sich mit den Objekten dieser Organe" – der wird, nicht anhaften.[14]

Tatsächlich ist jedes Mal beim Aufwachen ebendies unsere Erfahrung. Im traumlosen Schlaf ist fast alles, was erfahrbar ist, aufgelöst: Die Welt verschwindet. Unser Körper und unsere Sinne sind verschwunden. Sogar unser *Mind* und unser Sinn der Individualität sind verschwunden. Die einzige Erfahrung ist das Nichtwissen und ein zeitloser, glückseliger Frieden. Doch dann wachen wir auf, und nach und nach kehren alle beobachtbaren Phänomene zurück. Das Erste, das zurückkehrt, ist *Ahaṅkāra* – das „Ich" Gefühl, als begrenztes Individuum. Dann, noch bevor wir

[14] ebenda, 3.28

die Augen öffnen, kommt unser Gedächtnis und erinnert uns an all die Beziehungen, die wir mit anderen Menschen und der Welt haben. Damit kehren auch all unsere Verantwortlichkeiten im Zusammenhang mit diesen Beziehungen zurück. Plötzlich erinnern wir uns daran, dass wir zur Arbeit gehen, den Hund füttern, die Kinder zur Schule bringen müssen usw. Dann öffnen wir unsere Augen, und die Welt erscheint. Die Welt, die wir immer als etwas „anders" als mich betrachten. Aber wenn wir über diesen Prozess des Wiedererwachens nachdenken, können wir sehen, dass all diese anderen Erfahrungsschichten etwas „anders" sind als das „Ich".

Dazu erinnere ich mich an einen Witz. Einmal wurde ein Mann vor Gericht gestellt, weil er einen anderen Mann getreten hatte. Nachdem der Richter die Seite des Klägers gehört hatte, fragte er den Angeklagten: „Warum haben Sie das getan?"

Der Mann antwortete: „Ich habe es nicht getan. Mein Bein hat es getan."

Der Richter blickte auf den Mann herab und sagte lächelnd: „Okay, Schlaumeier. Dann kann das Bein ins Gefängnis gehen – mit Ihnen oder ohne Sie!“

Aber der Angeklagte blinzelte nicht einmal. Er stand einfach auf, schraubte sein falsches Bein ab und überreichte es dem Richter.

Nehmen Sie diesen Scherz nicht ernst. Ein wahrer *Mahatmā* würde niemals ein Verbrechen begehen oder versuchen, sich aus der Verantwortung zu ziehen, nur weil sie oder er sich letztlich nicht mit dem Körper identifiziert. Durch die jahrelange mentale Disziplin und Kontrolle der Sinne, die erforderlich ist, diesen Zustand der Erkenntnis zu erlangen und zu bewahren, werden *Mahatmās* unfähig andere durch Gedanken, Worte oder Taten zu verletzen. Da sie alle Wesen als eins mit sich selbst sehen, können sie nicht einmal einer Fliege Schaden zufügen. Ammas Hilfs- und Begleitperson, Swamini Srilakshmi Prana, erzählt, Amma habe sie angewiesen, Moskitos mit der Hand aus dem Zimmer zu tragen. Das ist das Mitgefühl einer wahren, selbstverwirklichten Seele. Die Geschichte des einbeinigen Mannes veranschaulicht lediglich, wie aus der Perspektive des *Atma-jñānī* der Körper, der *Mind* und sogar das Gefühl des Handelnden und die Früchte unsere Handlungen, nur ein Teil der Welt sind und nicht das „Ich“.

Je erfolgreicher uns dies gelingt, desto friedlicher und glücklicher werden wir sein. Denn wenn wir uns von Körper, Mind, und Intellekt distanzieren, distanzieren wir uns buchstäblich auch von allen Problemen in unserem Leben. Wir hören auf, uns so sehr mit unseren Handlungen und deren Früchte zu identifizieren. Eine solche Identifikation ist die Ursache für all unseren Stress, unsere Anspannung und unsere Angst. Wenn wir auf der Suche nach Frieden und Glück sind, dann ist es sehr hilfreich, durch *Atma-anātma Viveka* zum Wahren Selbst zu gelangen. Wir haben darin bereits große Fortschritte gemacht.

4

Bin ich schon verwirklicht?

Auf unserer Reise zu Frieden und Glück haben wir bereits einen großen Sprung vorwärts gemacht. Wir haben die gesamte Realität – mit ihren unendlich vielen Teilen – auf nur zwei Elemente reduziert: *Atmā* und *anatmā*. Dieses Paar hat viele verschiedene Namen: Selbst und Nicht-Selbst, Seele und Materie, *puruṣa* und *prakṛti*, *sākṣī* und *sākṣyaṁ* [Zeuge und Bezeugtes], *dṛg* und *dṛśyaṁ* [Sehender und Gesehenes] usw. Wie auch immer man sie nennt, letztlich sind sie nichts anderes als „ich" und „die Welt". Wir sind schon weit gekommen.

Aber ist dieses Wissen das, was wir mit *Atma-jñānaṁ* meinen? Ist dies das Ende unserer Reise? Wir haben sicherlich eine neue Definition des Selbst. Früher dachten wir, wir seien eine Mischung aus Bewusstsein und dem Körper-*Mind*-Komplex. Jetzt wissen wir, dass wir nur das Bewusstsein sind. War unser Ziel nicht ein tieferes, fehlerfreies Wissen darüber zu erhalten, wer wir sind?

In der Tat enden einige spirituelle Schulen bei dieser Aufteilung. Advaita Vedānta sagt, dass dieses Wissen leider noch unvollständig ist. Denn obwohl wir an dem Punkt angelangt sind, unsere wahre Natur als reines Bewusstsein zu erkennen, haben wir immer noch wenig bis kein Verständnis über die Natur des Bewusstseins. Außerdem befinden wir uns immer noch ganz klar in der Dualität. Die Welt auf zwei zu reduzieren bedeutet nicht, sie auf eins zu reduzieren. Spirituelle Meister wie Amma und Ādi Śaṅkarācārya sagen unmissverständlich, dass die letztendliche Wahrheit Advaita – „nicht zwei" ist!

Hier könnten wir fragen, ob wir unsere Natur wirklich so detailliert kennen müssen? Reicht nicht das allgemeine Wissen „ich bin reines Bewusstsein"? Auch wenn ein allgemeines Wissen über das Selbst, zwar hilfreich ist, lässt es immer noch zu wünschen übrig. Schauen wir zurück auf den Dialog zwischen Maitreyī und Yājñavalkya, aus der Einleitung zu diesem Buch. Als Maitreyī die Hälfte von Yājñavalkyas materiellen Besitztümern angeboten wurde, fragte sie ihren Mann:

> yannu ma iyaṁ bhagoḥ sarvā pṛthivī
> vittena pūrṇā syāt syāṁ nvahaṁ
> tenāmṛtā'ho neti |

> „Herr, selbst wenn diese Erde voller Schätze mein wird, würde ich dadurch Unsterblichkeit erlangen oder nicht?" [15]

Maitreyī verstand, dass wenn sie nicht unsterblich wird, alle Schätze der Welt nach ihrem Tod für sie wertlos sind. Obwohl sie von materiellen Annehmlichkeiten und Freuden sprach, können wir ihre Frage auch auf unsere allgemeine Erkenntnis übertragen, dass unsere wahre Natur reines Bewusstsein ist: „Ist dieses reine Bewusstsein, das ich bin, ewig oder nicht?" Dies ist eine wichtige Frage, denn auch wenn ich aus der ultimativen Perspektive von Körper, *Mind*, Sinnen und Sinnesobjekten der Welt unberührt und unverbunden sein mag, wenn das Bewusstsein mit dem Tod des Körpers erlischt, worin besteht dann der Unterschied zwischen unserer

---

[15] Bṛhadāraṇyaka Upaniṣad, 4.5.3

Sichtweise und der Sichtweise der Atheisten? Wie soll Spiritualität mich furchtlos machen, wenn ich immer, bewusst oder unbewusst, meine unvermeidliche Vernichtung fürchten muss? Zumindest im Hinblick auf meine Lebensdauer müsste ich also die konkrete Natur dieses Bewusstseins kennen.

Außerdem mag ich reines Bewusstsein sein, aber was ist mit den Menschen, die ich liebe? Sind sie auch reines Bewusstsein? Wenn ja, ist das reine Bewusstsein, das ich bin, anders als das reine Bewusstsein, das sie sind? Und was ist dieses „Eins-Sein", von dem spirituelle Meister sprechen? All diese Fragen können nur geklärt werden, wenn unser allgemeines Wissen bezüglich unserer wahren Natur zu einem detaillierteren und spezifischeren Wissen wird.

Zu Beginn unserer Reise sind wir dem *dṛg-dṛśya-viveka*-Modell gefolgt, um zu unserer wahren Natur zu gelangen, weil es weder Kenntnis der vedāntischen Schriften noch Glauben an die Lehren spiritueller Meister erfordert. Alles, was wir getan haben, war Beobachtung und Logik anzuwenden. Diese Vorgehensweise hat uns gute Dienste geleistet. Doch für den nächsten

Schritt wird reine Logik nicht mehr ausreichen. Wie die Kaṭha Upaniṣad sagt:

> naiṣā tarkeṇa matirāpaneyā proktānyenaiva sujñānāya preṣṭha |
>
> Lieber, dieses Wissen kann nicht durch Logik erworben werden; nur wenn es von einem anderen gelehrt wird, der in der Wahrheit fest verwurzelt ist, wird es klares Wissen. [16]

Das bedeutet nicht, dass wir Logik ablehnen werden. Wir werden sie als unverzichtbares Werkzeug beibehalten. Anstatt sie jedoch nur zur Datenanalyse anzuwenden, für Daten, die durch die Sinnesorgane erworben wurden, werden wir sie nun auch zur Analyse von Informationen aus den Schriften anwenden.

In Vedānta hören wir oft, in Bezug auf Selbsterkenntnis, den Ausdruck *śruti-yukti-anubhava*. Das bedeutet, dass wir *śruti* –Wahrheit aus den Schriften, *yukti* – Logik, und *anubhava* – Erfahrung anwenden müssen. Auch wenn wir alle drei verwenden, halten wir daran fest, dass *Atma-jñānaṁ* nur aus der Wahrheit der

---

[16] Kaṭha Upaniṣad, 1.2.9

alten Schriften entsteht. Hier treten Logik und Erfahrung in den Hintergrund. Logik verwenden wir immer noch, aber in erster Linie, um die Sicht des Guru und der Schriften gegen andere Meinungen und sonstige Verwirrungen zu verteidigen. Logik und Erfahrung können uns die Wahrheit nicht offenbaren, aber sie können sie auch nicht verneinen. Wenn eine Verneinung erscheint, dann weist dies darauf hin, dass wir Gelehrte oder unsere Erfahrungen missverstanden haben oder unsere Logik fehlerhaft ist. Obwohl wir niemals die Logik oder den Wert unserer objektiven Erfahrung ablehnen, müssen wir jedoch ihre Begrenzungen verstehen.

Tatsächlich ist dies ein Grund, warum Vedānta niemals ohne Guru studiert werden sollte. Denn ohne Guru bleibt jedes Wissen auf Sinneswahrnehmung und reine Logik beschränkt. Der Zugang zur höchsten Wahrheit wird uns fehlen, der Bereich, der das empirische Wissen und die Logik übersteigen wird, fehlen. Dies ist, was Śaṅkarācārya immer wieder hervorhebt. In seinem einleitenden Kommentar zur Kena Upaniṣad sagt Śaṅkarācārya, dass dies ein Grund ist, warum die Schriften meist in

Dialogform zwischen Schüler und Guru verfasst wurden. Er sagt: „Die Unterweisung erfolgt in Form von Frage und Antwort zwischen Schüler und Lehrer, und zwar, um das Verständnis zu erleichtern, da das Thema subtil ist, und um zu zeigen, dass es nicht allein durch Logik erkannt werden kann.“ [17]

In der spirituellen Analyse kann die Analyse des Selbst, die auf unabhängiger Logik beruht, tragikomisch werden. Es gibt einen Witz, den Amma manchmal erzählt und der dies veranschaulicht. Einmal bot jemand einem Esel sowohl einen Eimer Wasser als auch einen Eimer Whiskey an. Als er sah, dass der Esel nur das Wasser trank, folgerte er daraus rein logisch: „Wer keinen Alkohol trinkt, ist ein Esel.“

Spaß beiseite – aufgrund der Tatsache, dass eine logische Selbstanalyse uns im spirituellen Leben eben nur so weit bringen kann, empfiehlt Amma eine Mischung aus Kopf und Herz: „Der Intellekt ist wie eine Schere“, sagt sie, „seine Natur ist es, alles zu zerschneiden

[17] śiṣyācārya-praśna-prativacana-rūpeṇa kathanaṁ tu sūkṣma-vastu-viṣayatvāt sukha-pratipatti-kāraṇaṁ bhavati | kevala-tarkāgamyatvaṁ ca darśitaṁ bhavati |

und zu teilen. Das Herz hingegen ist wie eine Nadel, die Objekte und Menschen auf einem einzigen Faden der Liebe vereint. Wenn wir dem Intellekt mehr Bedeutung schenken, wird das Leben trocken. Es ist die Liebe, die dem Leben Sinn und Süße verleiht. Amma will damit nicht sagen, dass der Intellekt nicht gebraucht wird. Beide haben ihren Platz und ihre Wichtigkeit."

Mit der Schere des Intellekts trennen wir uns selbst, das reine Bewusstsein, von der äußeren Welt und all den anderen Aspekten unseres Selbst, die wir fälschlicherweise als „Ich" verstanden haben. Aber der Prozess ist damit noch nicht zu Ende. Um unser Wissen zu vervollständigen, benötigen wir Ammas Nadel. Nur wenn wir diese Nadel benutzen, werden wir *dvaita* – die Dualität – hinter uns lassen und *Advaita* – die Nicht-Dualität, das Eins-Sein – erreichen. Warum sagt Amma, dass dafür das Herz benötigt wird? Weil wir hier feststellen werden, dass der Glaube an die Lehren des Guru und die heiligen Schriften wesentlich ist.

5

Nadel und Faden des Herzens

Mit dem Intellekt haben wir das, was wir sind, auf das Zeugen-Bewusstsein reduziert. Da dieses Zeugen-Bewusstsein jedoch, wie wir gesehen haben, immer das Subjekt und niemals das Objekt ist, ist seine Natur durch die Sinne oder den *Mind* nicht gänzlich erfassbar. Alles, was wir wissen, erfahren wir entweder direkt durch unseren Seh- und Tastsinn usw. oder indirekt über verschiedene kognitive Prozesse wie Schlussfolgerungen, Hypothesen, Vergleiche usw.[18] Wissen, das auf indirektem Wege erworben wird, erfordert Informationen, und diese Informationen müssen über die Sinne aufgenommen werden. Deshalb brauchen wir

---

[18] Gemäß der vedāntischen Erkenntnistheorie gibt es sechs *pramāṇams* - gültige Mittel der Erkenntnis. Diese sind *pratyakṣa* - Sinneswahrnehmung; *upamāna* - Vergleich; *anupalabdhi* - Nicht-Wahrnehmung; *anumānam* - Schlussfolgerung; *arthāpatti* - Postulierung; und *śabda* - Bezeugung.

für den nächsten Schritt Glauben. Denn für das Wissen, über die wahre Natur von *Atmā,* sind der Guru und die Schriften unsere einzigen Informationsquellen.

Vedānta spricht von zwei Arten von Wissen: *pauruṣeya*-Wissen und *apauruṣeya*-Wissen. In Sanskrit bedeutet *puruṣa* „menschliches Wesen“. *Pauruṣeya* bedeutet „das, was von einem menschlichen Wesen kommt“. Zum Beispiel die Tatsache „Feuer ist heiß“ pauruṣeya-Wissen – ist Wissen, das allen Menschen zugänglich ist. Jeder Mensch mit funktionierenden Sinnen kann lernen „Feuer ist heiß“. Er kann dann dieses Wissen an andere Menschen weitergeben. Unabhängig, ob wir durch direkten Kontakt mit dem Feuer oder durch eine Warnung anderer Personen lernen, dass Feuer heiß ist, der Ursprung dieses Wissen ist *pauruṣeya* – von einem menschlichen Wesen.

Anderseits betrachten wir das Gesetz von Karma; die Idee, dass alle unsere Handlungen nicht nur direkte Auswirkungen aufgrund der physischen Handlung haben, sondern auch subtile, verzögerte Auswirkungen, die unseren Beweggründen entspringen. Auch wenn wir dies als spirituelles „Gesetz“ bezeichnen, handelt es sich nicht um einen Sachverhalt wie „Feuer ist heiß“, der von jedem Menschen selbstständig erlernt werden kann. Zwar kann es theoretisch so behandelt werden, aber man kann es nicht wirklich wissen. Daher ist das karmische Gesetz kein *pauruṣeya*-Wissen, sondern *apauruṣeya*-Wissen – ein Wissen, dessen Berechtigung keinen menschlichen Ursprung hat. *Apauruṣeya*-Wissen hat nur zwei Quellen: offenbarte Schriften wie die Veden, und Menschen, die dieses Wissen erlangt haben.

Die meisten Gurus haben ihr Wissen über die Guru-Schüler-Linie erlangt. In den Upanischaden finden sich jedoch Beispiele von selbst errungenen *Atma-jñānīs*, wie etwa Vāmadeva, der die Verwirklichung bereits im Mutterleib erreichte.[19] Es heißt, er habe in seinem früheren Leben bei einem Guru gelernt, aber als er starb, gab es noch einige karmische Hindernisse für sein Verständnis. Diese Hindernisse wurden im Mutterleib beseitigt, und so erlangte er die Verwirklichung dort. Wenn wir die Lehren der Upanischaden zurückverfolgen, stellen wir fest, dass sie ihren Ursprung in Gott selbst haben,

[19] Aitareya Upaniṣad, 2.1.5

er war es , der den ersten Schüler unterrichtete. Wenn der *Mind* also rein genug ist, ist es vielleicht möglich, *Atma-jñānaṁ* ohne einen Guru zu erlangen, da Gott selbst kommen und uns lehren kann. Was Amma betrifft, sagt sie: „Von Geburt an kannte Amma ihre wahre Natur und die Natur dieser Welt.“ Wie kam Amma zu diesem Wissen? Verschiedene Menschen werden unterschiedliche Antworten haben. Einige glauben, dass Amma ein *Avatāra* der Göttlichen Mutter ist; dann ist alles Wissen ihr eigen. Was auch immer der Grund für Ammas Wissen sein mag, ohne Zweifel besitzt sie es, und sie ist offensichtlich fähig, ihr Wissen mit anderen zu teilen und auch deren Zweifel zu beseitigen.

Ich erinnere mich, dass vor langer Zeit einige Gelehrten Ammas Meinung zu einem *apauruṣeya*-Thema infrage stellten – insbesondere, wie sie gegen die Tradition verstoßen und Frauen erlauben konnte, bestimmte Rituale durchzuführen. Da die Wirksamkeit der rituellen Verehrung selbst *apauruṣeya* ist, müssen auch die Gebote und Verbote dazu *apauruṣeya* sein. Als sie sich weigerten, Ammas scheinbar unorthodoxe Haltung zu akzeptieren, sagte Amma, sie habe eine gültige Quelle dafür. Wie lautete sie? Amma sagte: „Shiva hat mir gesagt, es sei in Ordnung."

Hier sollten wir verstehen, dass die relevante Frage nicht lautet: „Wie hat Amma *Atma-jñānam* erlangt?", sondern „Wie werden wir es erlangen?" Wir haben zwei Möglichkeiten: Wir können die Schriften und Lehren unseres Guru studieren und an sie glauben, oder wir können die Tradition verwerfen und einfach hoffen, dass wir eines schönen Morgens erleuchtet aufwachen. Aber die Interpretation der Upanischaden von Menschen, die hoffen, Selbst-Erkenntnis ohne Guru zu erlangen, ist klar:

> avidyāyām-antare vartamānāḥ svayaṁ
> dhīrāḥ paṇḍitaṁ manyamānāḥ |
> jaṅghanyamānāḥ pariyanti mūḍhā
> andenaiva nīyamānā yathā'ndhāḥ ||

> In der Unwissenheit existierend und denkend: „Wir selbst sind intelligent und gelehrt", irren diese mehrfach gequälten Narren umher, wie Blinde, die von Blinden geführt werden. [20]

[20] Muṇḍaka Upaniṣad, 1.2.8, und (mit einem veränderten Wort) Kaṭha Upaniṣad, 1.2.5

Vielleicht können wir ja den Satz des Pythagoras selbst herausfinden, aber wäre es nicht einfacher, Algebra bei einem Mathelehrer zu lernen? Wie Amma sagt: „Selbst um zu lernen, wie man die Schuhe zubindet, brauchen wir jemanden, der uns das beibringt. Wie soll man dann die höchste Realität des Universums erlernen?"

Dieses Thema ist immer wieder Anlass für Diskussionen. Vielleicht kann das letzte Wort so dargestellt werden: Einmal gab es im Ashram eine hitzige Diskussion darüber, ob ein Guru und Schriften erforderlich sind. Ein Besucher beharrte darauf, dass weder das eine noch das andere erforderlich sei. Als letzten Beweis führte er an: „Buddha und sogar eure Amma haben keinen Guru gebraucht!" Daraufhin antwortete einer der Brahmacārīs: „Wenn du glaubst, dass du Buddha oder Amma bist, viel Glück."

„Was ist die wahre Natur Gottes?" „Was ist die wahre Natur des Universums?" „Was ist die wahre Natur der Seele – des ‚Ich's'?" „Was ist die eigentliche Quelle unserer Gefühle, der Begrenzung, der Frustration, der Unfreiheit?" „Wie kann man solche Gefühle vollständig und dauerhaft überwinden?" „Was sind die Mittel, um dies zu erreichen?" „Was ist das Ziel des menschlichen Lebens?" Philosophen können über solche Themen theoretisieren und spekulieren, aber wenn wir wahres Wissen erlangen wollen, müssen wir uns an die Upanischaden, an ergänzende Texte wie die Bhagavad-Gītā und an die Worte von *Mahatmās* wie Amma halten. Nur sie können über solche Themen überzeugend und mit wahrer Autorität sprechen. Wenn geistige Reinheit ausreichen würde, um die wahre Natur des Bewusstseins, des Selbst, zu erkennen, warum hätte dann Naciketā, der als Beispiel der Sachlichkeit und der geistigen Reinheit gilt, in der Kaṭha Upaniṣad eine seiner von Gott geschenkten Gaben darauf verschwendet, den Gott des Todes nach der Natur des Selbst zu fragen? [21] Geistige Reinheit ist sicherlich erforderlich, aber auch wenn diese Reinheit

[21] Die Kaṭha Upaniṣad schildert einen Dialog zwischen einem Schüler, Naciketā, und seinem Guru, Yama, dem Gott des Todes. Im Verlauf der Geschichte gibt Yama Naciketā drei Gaben, von denen Naciketā die dritte nutzt, um seine Zweifel bezüglich der Natur des ātmā zu klären.

vorhanden ist, ist ein Guru unerlässlich, um die Weisheit weiterzugeben.

Deshalb ist für den nächsten Schritt, Glaube erforderlich. Tatsächlich wird der Glaube – śraddhā – als eine der wesentlichen Eigenschaften eines Vedānta-Schülers angeführt.[22] Der Glaube ist lebenswichtig, denn wenn uns der Glaube an die Schriften und die Worte des Guru fehlen, werden wir sie nicht als gültige Wissensquellen betrachten. Dann wird unser Wissen über unsere wahre Natur niemals gefestigt sein; wir werden immer Zweifel haben. Dafür ist eine sichere Überzeugung über die Wahrheiten der Schriften unerlässlich. Diese wird niemals eintreten, wenn wir das Wissen, das sie über das Selbst kundtun, nur als „mögliche Theorien“ betrachten.

---

[22] Nach der upanischadischen Tradition sind neun Qualitäten erforderlich, damit das Vedāntic-Studium fruchtbar wird: *viveka, vairāgya, mumukṣutvaṁ, śama, dama, uparama, titikṣā, śraddhā* und *samādhāna* – Unterscheidungsvermögen, Leidenschaftslosigkeit, Wunsch nach Befreiung, geistige Disziplin, Disziplin der Sinne, Rückzug, Nachsicht, Glaube und Konzentration. Sie dürfen niemals aufgegeben werden.

In der Tat sagt Amma: „Alles erfordert Glauben, selbst die Naturwissenschaften." Es gibt keinen endgültigen Beweis für irgendetwas in dieser Welt. Wie können wir beweisen, dass das, was wir sehen, real ist? Können die Ohren überprüfen, ob es wahr ist? Wie können wir beweisen, dass das, was die Ohren hören, real ist? Können die Augen es bestätigen? Selbst sogenannte „wissenschaftliche Gesetze" beruhen darauf, dass „sie sich erst noch bewähren müssen". Das liegt daran, dass nichts jemals zu 100 Prozent bewiesen werden kann.

Kurt Gödel (1906-1978) war ein Logiker, Mathematiker und analytischer Philosoph; er gilt als einer der bedeutendsten Logiker überhaupt. Einer seiner wichtigsten Beiträge sind die sogenannten Unvollständigkeit-Theoreme, die er im Alter von 25 Jahren formulierte. Die Essenz der Unvollständigkeit-Theoreme ist folgende: Ein System von Axiomen, das konsistent ist, also sich nicht widerspricht, bleibt notwendigerweise unvollständig. Ein Beispiel ist die Goldbach'sche Vermutung, die besagt: „Jede gerade ganze Zahl größer als 2 ist die Summe zweier Primzahlen." (Zum Beispiel: 3 + 5 = 8.

Drei ist eine Primzahl. Fünf ist eine Primzahl. Acht ist eine gerade Zahl.) für kleine Zahlen kann das direkt überprüft werden. Wir können es selbst nachrechnen. Im Jahr 1938 beschloss ein Mathematiker, dies selbst zu überprüfen, und kam dabei auf n <105. Mit Computern wurde es bis zu n < 4 × 1018 verifiziert. Aber die Vermutung kann nicht kategorisch bewiesen werden, weil man dazu unendlich viele Zahlen überprüfen müsste. Wir können annehmen, dass es wahr ist, aber es kann niemals durch unsere direkte Erfahrung bewiesen werden. Gödel war ein Mystiker, der an Gott glaubte. Für ihn waren die Unvollständigkeit-Theoreme befreiend, weil sie besagen, dass man sich letztlich damit abfinden muss, dass es im Leben immer unbekannte und mysteriöse Elemente geben wird.

Ähnlich setzt sich auch die Naturwissenschaft aus Theorien und Gesetzen zusammen. Aber nichts davon wird als unantastbar betrachtet. Jederzeit kann jemand etwas widerlegen. Die Naturwissenschaft ist also nach wie vor in der Entwicklung. Während viele wissenschaftliche Theorien, trotz Überprüfungen, immer noch Bestand haben, wurden andere, die eine Zeit lang vorherrschend waren – wie das geozentrische Modell des Universums u. ä. – nach und nach verworfen und durch neue, plausiblere Theorien ersetzt. Wie Amma also sagt: „Glaube ist nicht etwas, das exklusiv der Spiritualität vorbehalten ist. Wir alle sitzen hier friedlich, weil wir daran glauben, dass es kein Erdbeben geben wird. Wir fliegen, weil wir daran glauben, dass das Flugzeug nicht abstürzen wird.“

Ich erinnere mich – als wir einmal mit Amma über einige besondere Punkte von Advaita diskutierten, insbesondere darüber, dass das Wahre Selbst die Quelle ist, aus der das gesamte Universum hervorgeht, sagte sie: „Das ist etwas, das nicht bewiesen werden kann. Man kann eine wissenschaftliche Lösung beweisen, und man kann etwas beweisen, das mit den Sinnen wahrgenommen wird. Aber *Atmā* ist jenseits von Wissenschaft oder Sinneswahrnehmungen. Man kann ihn nicht empirisch beweisen. Man erfährt ihn in sich selbst.“ Amma brachte dann ein sehr scharfsinniges Argument vor. Sie sagte: „Aber bedenkt, dass es der *Mind* ist, der den Beweis fordert. Der *Mind*, der *mithyā* [unwirklich] ist, verlangt, dass *satyaṁ* [Wirklichkeit] bewiesen wird!“

Glaube ist also wesentlich. Es ist die Aufgabe eines jeden spirituell Suchenden, über die spirituellen Wahrheiten, die vom Guru und aus den Schriften gelernt werden, nachzudenken und sie mittels Logik und Erfahrungen abzuwägen. Tun wir das ernsthaft, werden wir alle allmählich beginnen, diese Wahrheiten als plausible Theorien zu schätzen. Unsere Logik und Erfahrungen werden sie nicht verneinen können. Man kann versuchen, sie zu leugnen, aber man wird scheitern. Gleichzeitig wird man auch nicht in der Lage sein, sie zu beweisen. Niemand, der Vedānta verstanden hat, war jemals in der Lage, Vedānta zu widerlegen, denn Logik und unsere Erfahrung können dem niemals widersprechen. Allerdings dürfen wir die spirituellen Wahrheiten nicht einfach als funktionierende Theorien betrachten. Wenn wir das tun, werden wir niemals überzeugt sein. Wir müssen sie als wahre und fehlerfreie Lehren akzeptieren, die direkt von Gott kommen. Dabei darauf achten, inwieweit diese Wahrheiten mit der Logik und den Erfahrungen übereinstimmen; und darüber hinaus bemerken, wie die Logik und Erfahrungen ihnen nicht widersprechen. Dann werden wir durch unseren Glauben an ihre Quelle, überzeugt sein, dass sie die ultimative Realität dessen darstellen, was wir sind.

So ist der Glaube an die Schriften und den Guru wie der Zugewinn eines sechsten Sinnes. Wie unsere Augen uns die sichtbare Welt und unsere Ohren die Welt des Klangs offenbaren, offenbart der Guru die Welt des *apauruṣeya*-Wissens – die Wahrheit über das Selbst. Derart werden die Schriften und der Guru zu einem Spiegel, der uns zum ersten Mal unser wahres Gesicht sehen läßt.

6

Unser wahres Gesicht widergespiegelt

Die meisten Aussagen der Schriften über unsere wahre Natur sind verneinend. Nehmen wir zum Beispiel diese berühmte Zeile aus der Muṇḍaka Upaniṣad:

> yat-tad-adreśyam-agrāhyam-agotram-
> avarṇam-acakṣuḥśrotraṁ tad-apāṇi-pādam |
>
> Das, was nicht wahrnehmbar, nicht greifbar, ohne Ursache, ohne Qualität ist, hat keine Augen oder Ohren, keine Hände oder Füße. [23]

All diese Beschreibungen beziehen sich auf das, was das Wahre Selbst nicht ist. Solche Aussagen stimmen mit *dṛg-dṛśya Viveka* [Unterscheidung zwischen dem Sehenden und dem Gesehenen] überein, denn die Schrift verneint ebenfalls alle wahrnehmbaren Dinge, mit Eigenschaften. Wie

---

[23] Muṇḍaka Upaniṣad, 1.1.6

zuvor erwähnt, ist es nicht das Wahre Selbst, wenn man es sehen, hören, schmecken usw. kann. Ebenso ist es nicht das Wahre Selbst, wenn man es physisch halten, darüber sprechen oder es anstoßen kann. Wenn es einen Ursprung hat – ein Elternteil oder eine Quelle der Erschaffung – ist es nicht das Wahre Selbst. Auch wenn es Sinnesorgane wie Augen oder Ohren oder Handlungsorgane wie Hände oder Füße hat, ist es nicht das Wahre Selbst.

Die Schriften verwenden die Methode der Verneinung vor allem deshalb, weil sie wissen, dass man Sachen unweigerlich bis zu einem gewissen Grad einschränkt, sobald man von etwas in einem positiven Sinne spricht. Was ist das Wahre Selbst? Es bist du– nicht mehr und nicht weniger. Wenn du also wissen willst, was es ist, musst du wissen, wer du bist. Nur dann wirst du es wissen. Die Heiligen und Weisen alten Zeiten hielten es für sicherer, den Menschen zu helfen, zu verstehen, was das Wahre Selbst nicht ist, als das, was es ist. Also: *adreśyam-agrāhyam-agotram-avarṇam-acakṣuḥśrotraṁtad-apāṇi-padam* – „nicht wahrnehmbar, nicht greifbar, ohne Ursache, ohne Eigenschaft, es hat keine Augen oder Ohren, keine Hände oder Füße“ usw. Denn wenn wir einmal sagen: „Das Selbst ist ‚dies‘ oder ‚das‘“, dann halten wir es für ein Objekt und machen uns auf die Suche nach diesem Objekt. Aber es ist kein Objekt – weder eines hier noch in einer anderen Welt, noch eines, das in der Meditation gefunden wird. Es bist du – das Subjekt. Wie das Sprichwort sagt: „Der Suchende ist das Gesuchte.“ Deshalb versuchen Gurus und Schriften, bejahende Aussagen so weit wie möglich zu vermeiden.

Kürzlich wandte sich ein Devotee während des *Darshans* an Amma und fragte sie: „Wer bin ich?“

Ammas Antwort war automatisch: „Du bist ich.“

Der Devotee lächelte, wollte aber, dass Amma ihm mehr sagte. Er schüttelte ungläubig den Kopf und fragte: „Kann Amma das erklären?“

Amma sagte: „Wenn ich es erkläre, werden es zwei.“

Dies erinnert mich an eine andere Begebenheit. Vor ein paar Jahren, während einer von Ammas Touren in Indien, näherte sich ein Mädchen Amma während des *Darshans* von der

Seite. Zwar war es ziemlich voll, aber dieses Kind schaffte es irgendwie, an die Seite von Ammas Stuhl zu gelangen. Nach einer Weile sagte das kleine Mädchen zu Amma, dass es ihr eine Frage stellen wolle. Amma lächelte und nickte ermutigend mit dem Kopf. Dann beugte sie sich weit nach rechts, damit das Mädchen direkt in ihr Ohr sprechen konnte. Alle sahen zu, wie Amma aufmerksam zuhörte und jedes Mal mit dem Kopf nickte, wenn sie einen der Punkte des kleinen Mädchens aufnahm.

Sobald das Mädchen fertig war, sagte Amma zu allen: „Sie sagt, dass ihr Vater meint, Amma sei Kālī, aber ihre Mutter sagt, dass Amma ihre Mutter ist, und sie möchte wissen, wer von beiden recht hat!“

Amma lachte gutmütig über die Unschuld des Mädchens. Dann kniff sie dem Mädchen liebevoll in die Wange und sagte: „Willst du wissen, wer Amma ist?“

Die Augen des Mädchens weiteten sich, und es nickte.

Amma sagte ihr: „Wenn du wissen willst, wer Amma ist, musst du wissen, wer du bist. Dann wirst du wissen, wer Amma ist.“

Das Selbst bist du. Das Selbst bin ich. Verstehe, wer du bist, und sei frei.

Doch abgesehen von der Verneinung dessen, was wir nicht sind, wenn wir Einsicht in unsere wahre Essenz in einer positiven, erklärenden Weise gewinnen wollen, dann finden wir dies in den Offenbarungen des Guru und der Schriften. Im Wesentlichen lauten diese positiven Aussagen, dass das Selbst *saccidānanda*– reine Existenz, reines Bewusstsein, reine Glückseligkeit ist.

CIT: REINES BEWUSSTSEIN

In *saccidānanda* bedeutet das Wort *cit* „reines Bewusstsein". Diesen Aspekt des Selbst haben wir bereits durch unser *dṛg-dṛśya viveka* erreicht und diskutiert. Indem wir alle erfahrbaren Phänomene verneinten, gelangten wir zu dem nicht verneinbaren Zeugen, dem Bewusstsein, das Selbst, das die Leere im Tiefschlaf erhellt. Unabhängig davon finden wir in den Upanischaden und der Bhagavad-Gītā viele Aussagen, die diese Wahrheit direkt verkünden: *prajñānaṁ brahma* – „Bewusstsein ist

Brahman"[24]; *tacchubhraṁjyotiṣām-jyotiṣiḥ* – „Es ist das Reine; das Licht aller Lichter."[25]; *yanmanasā na manute yenāhurmano matam* – „das, was der Mensch nicht mit dem Verstand begreift, das, von dem man sagt, dass es den *Mind* kennt" [26]; und *kṣetrajñaṁ cāpi māṁ viddhi sarva-kṣetreṣu bhārata* – „O Bhārata, verstehe mich als den Wissenden des Körpers in allen Körpern."[27]

Dies ist nur eine engere Auswahl. Die Upanischaden sind voller solcher edlen Aussagen, die unsere wahre Natur als reines Bewusstsein enthüllen. Die Upanischaden verkünden, dass wir nicht der Körper, der *Mind*, die Sinne oder der Intellekt sind. Wir sind das Zeugen-Bewusstsein, das hinter all diesen steht und ständig ihre Anwesenheit oder Abwesenheit beleuchtet.

SAT: REINE EXISTENZ

Sat bedeutet „reine Existenz". Wenn jemand „Existenz" sagt, fragen wir normalerweise

---

[24] Aitareya Upaniṣad, 3.1.3

[25] Muṇḍaka Upaniṣad, 2.2.9

[26] Kena Upaniṣad, 1.5

[27] Bhagavad-Gītā, 13.2

sofort: „Von wem oder was?“ Hier geht es jedoch nicht um die Existenz als Attribut eines Objekts, sondern um die Existenz selbst – die ursprüngliche Essenz ohne jeglichen Namen und ohne jegliche Form. Der Grund dafür ist, dass die Existenz kein Attribut des Selbst ist. Wie wir durch *dṛg-dṛśya Viveka* gesehen haben, hat das Selbst keine Attribute. So wie das Bewusstsein kein Attribut des Selbst ist, sondern das Selbst an sich, so ist auch die Existenz das Selbst. Dies ist die wahre Bedeutung von *sat*. Wir finden diese Wahrheit in den Upanischaden in einem oft zitierten Mantra wieder:

> sad-eva somyedam-agra āsīd-ekam-
> evādvitīyam |
>
> Am Anfang, lieber Junge, war all dies nur reine Existenz, war Eines ohne ein Zweites.[28]

Wenn wir jedoch sagen, das Selbst sei von Natur aus Existenz, meinen wir auch, dass es ewig ist. Die Ewigkeit des Selbst wird in allen indischen spirituellen Schriften verkündet.

[28] Chāndogya Upaniṣad, 6.2.1

Tatsächlich ist es das Erste, was Kṛṣṇa Arjuna über das Selbst sagt.

> na tvevāhaṁ jātu nāsaṁ
> na tvaṁ neme janādhipāḥ |
> na caiva na bhaviṣyāmaḥ
> sarve vayam-ataḥ param ||

> Weder ich noch du, noch irgendein herrschender Prinz, war jemals zuvor nicht-existent; noch werden wir in Zukunft aufhören, zu existieren.[29]

Wahrscheinlich sagte Kṛṣṇa dies als Erstes zu Arjuna, weil die Sterblichkeit die grundlegende Sorge der Menschheit ist. Die Vorstellung, dass der Tod die totale Auslöschung bedeutet, kann niemand ertragen. Ohne die Bestätigung unserer Unsterblichkeit nagt die Angst vor dem drohenden Untergang ständig an uns und überwältigt uns manchmal – wie Tolstoi in seiner berühmten Abhandlung „Bekenntnisse" schreibt: „Gibt es irgendeinen Sinn in meinem Leben, der nicht durch den unausweichlichen Tod, der mich erwartet, ausgelöscht wird?" Oder wie ein

---

[29] Bhagavad-Gīta, 2.12

Komiker scherzte: „Ich habe keine Angst vor dem Tod. Ich will nur nicht dabei sein, wenn er eintritt.“

Meistens sind die Menschen in der Lage, diese Angst zu verdrängen, aber sie lauert trotzdem tief in uns und beeinflusst unbewusst unsere Gedanken, Einstellungen und Handlungen. Einige Psycholog*innen behaupten sogar, dass alle menschlichen Aktivitäten in erster Linie ein Versuch sind, den Kopf in den Sand zu stecken und den bevorstehenden Untergang zu leugnen.

Wenn wir jedoch Vertrauen in die Lehren des Guru und der Schriften haben, können wir diese Ängste ablegen, denn die Schriften sagen uns von Anfang an, dass *Atmā* ewig ist. Genauso wie Aussagen, die unsere wahre Natur als Bewusstsein erklären, überall in den Upanischaden zu finden sind, gibt es auch Formeln, die unsere ewige Existenz enthüllen: *nitya* – ewig; *amṛta* – unsterblich; *ananta* – ohne Ende; *śāvata* – zeitlos; *sanātana* – ewig dauernd; *avināśa* – ohne Zerstörung; *avayava* – ohne Verfall, usw. Unzählige solcher Beschreibungen des Wahren Selbst finden sich in den Veden.

Amma weiß auch, dass die meisten Menschen Angst vor dem Tod haben. Deshalb erinnert sie bei ihren Programmen regelmäßig daran, dass der Tod des Körpers nicht das Ende ist: „Der Tod ist keine vollständige Vernichtung. Es ist nur so, als würde man einen Punkt am Ende eines Satzes setzen. So wie wir weiterschreiben, geht das Leben ebenfalls weiter." Amma sagt auch: „Der Tod ist wie das Aussteigen aus einem Zug, um in ein anderen einzusteigen. Die Reise des Lebens geht weiter, bis wir unsere wahre Natur erkennen."

Bei der Frage, ob die Seele sterblich oder unsterblich ist, können wir uns nicht auf reine Logik verlassen. Die Logik kann uns zwar bei unserer Befragung unterstützen, aber die Bestätigung muss von einer Quelle kommen jenseits der Grenzen des menschlichen *Mind's*. Allzu oft werden heutzutage Menschen, die an ein Leben nach dem Tod glauben, als Opfer blinden Glaubens angegriffen, und es wird gesagt, das sei alles Unsinn. In Wahrheit ist die Debatte von einem rein logischen Standpunkt aus gesehen unentschieden. Wie es im Advaita Makaranda heißt:

na ca svajanma nāśaṁ vā
draṣṭum-arhati kaścana |
tau hi prag-uttarābhāva
carama-prathama-kṣanau |

Und niemand kann seine eigene Geburt oder Zerstörung sehen, denn diese beiden sind [jeweils] die letzten und ersten Momente der vorherigen und der nachfolgenden Nichtexistenz. [30]

In diesem Vers weist der Autor darauf hin, dass ein direkter Erfahrungsbeweis für unsere eigene Sterblichkeit unerreichbar ist. Wenn wir einen Beweis sowohl für unseren eigenen Tod als auch für unsere eigene Geburt haben wollen, müssten wir vor unserer Geburt oder nach unserem eigenen Tod dort gewesen sein – beides ist paradox und unmöglich. Der Punkt ist, wenn wir strikt in den Bereichen von Wahrnehmung und Logik bleiben, dass es weder Stimmen für die Sterblichkeit der Seele noch Stimmen für ihre Unsterblichkeit geben kann. Bleibt es dabei, ist es bestenfalls eine Pattsituation, sagt

[30] Advaita Makaranda, Vers 15, Lakṣmīdhāra Kavi, 15. Jhh.

Vedānta. Tatsächlich aber ist die Unsterblichkeit im Vorteil, denn während wir alle die Existenz erfahren, hat niemand jemals die Nichtexistenz erlebt. In Wirklichkeit ist die Nichtexistenz der Stoff, aus dem die Märchen sind und nicht das Leben nach dem Tod.

Aber selbst wenn Advaita Makarandas Argument lediglich die Atheisten in die Schranken weist, hat der Vedāntī mehr Möglichkeiten durch die Weisheit des Gurus und der Schriften, die alle einheitlich sagen, dass das Selbst unsterblich ist.

Während unser Beweis für die Ewigkeit des Selbst auf dem Glauben an den Guru und den Schriften beruht, haben wir auch einige logische Argumente. Eines dieser Argumente wird von Śrī Kṛṣṇa im zweiten Kapitel der Bhagavad-Gītā geschickt vorgebracht:

> dehino'smin-yathā dehe
> kaumāraṁ-yauvanaṁ jarā |
> tathā dehāntara-prāptiḥ
> dhīrastatra na muhyati ||

> So wie es für den, der im Körper inkarniert ist, Kindheit, Jugend und Alter gibt, so gibt es

auch den Erhalt eines anderen Körpers. Deshalb wird der weise Mensch nicht getäuscht. [31]

Nachdem Śrī Kṛsrī Arjuna bereits gesagt hat, dass das Wahre Selbst niemals geboren wurde und niemals stirbt, liefert Śrī Kṛṣṇa nun eine logische Untermauerung. Es ist kein Beweis für die Ewigkeit des *Atmā* , die alle Upanischaden und Gurus mit Nachdruck verkünden. Doch es zeigt, dass die Ewigkeit des *Atmā* nicht die Gesetze der Logik oder unsere Erfahrung verletzt.

Wie wir bereits sagten: *śruti-yukti-anubhava.* Die Wahrheiten der Schriften, richtig verstanden, werden nicht gegen die Logik oder unsere Erfahrung verstoßen. Hier sagt Kṛṣṇa, dass wir feststellen werden, wie wir selbst – das Zeugen-Bewusstsein – unser ganzes Leben lang unverändert bleiben. Während der Körper beginnend als Säugling, sich in einen Erwachsenen verwandelt und dann seinen Verfall vollzieht, ist dasselbe ungegenständliche „Ich"-Bewusstsein als der unveränderliche Zeuge dieser Verwandlungen immer präsent. So hat es auch die mentalen Veränderungen bezeugt,

[31] Bhagavad-Gītā, 2.13

die während diesen Phasen auftraten. In der Tat sind diese drei Phasen – Kindheit, Jugend und Alter – repräsentativ für die drei mittleren Phasen der sechs Zustände des Wandels, wie sie im Vedānta allgemein dargestellt werden: Entstehung, Existenz, Wachstum, Reifung, Verfall und Zerstörung.[32] Wenn ein Wesen eine dieser sechs Phasen durchläuft, muss es auch die übrigen fünf durchlaufen. Alles, was geboren wird, muss also eines Tages sterben, usw. Das gilt natürlich auch für den Körper. Wir haben gesehen, wie unzählige Körper diese sechsfachen Veränderungen durchlaufen haben. Kṛṣṇa sagt jedoch, dass dies nicht für *Atmā* gilt. *Atmā* ist Zeuge dieser sechsfachen Veränderungen. *Atmā* selbst bleibt immer unverändert. Kṛṣṇas logische Schlussfolgerung ist:

Wenn wir während der Verwandlung des Körpers von der Jugend über das Erwachsenendasein bis zum Alter – den mittleren Veränderungen – als unberührter Zeuge präsent sind, dann sollten wir auch bei der ersten und der letzten

[32] Die ṣaḍ-bhāva vikāras [sechsfachen Modifikationen] sind: jāyate, asti, vardhate, vipariṇāmate, apakṣīyate und vinaśyati.

Veränderung des Körpers, nämlich Geburt und Tod, ein unberührter Zeuge sein. Da wir also bereits die Erfahrung gemacht haben, dass wir Zeugen von drei dieser Veränderungen sind, sollten wir logischerweise auch unberührte Zeugen der anderen bleiben. Dies ist ein logisches Argument für die Ewigkeit des Selbst.

In vedischen Zeiten, zumindest bis zu Śaṅkarācārya, war die Ewigkeit der Seele nahezu allgemein akzeptiert. Die Debatten von Śaṅkarācārya und den anderen großen spirituellen Denkern drehten sich um die Natur der Seele, nicht um die Existenz deren. Es gab jedoch eine Denkschule, bekannt als Cārvāka Darśana[33],

[33] Der hinduistischen Mythologie zufolge war der Vater der sogenannten Cārvāka-Lehre Bṛhaspati, der Guru der Devatās. Es heißt, dass Bṛhaspati die Lehre nicht selbst vertrat, sondern sie derart übertrieb, um die Dämonen in die Irre zu führen und sie leichter zu vernichten. Sein erster Schüler war ein Dämon namens Cārvāka. Cārvāka bedeutet wörtlich „derjenige, dessen Rede süß ist", vielleicht eine Anspielung auf die verführerische Natur einer Philosophie, die den Genuss von so viel körperlichem Vergnügen wie möglich betont. Ihr Grundlagentext, die Bārhaspatya Sūtras, ist im Altertum verloren gegangen. Was wir

die völlig materialistisch ausgerichtet war und das Konzept einer unsterblichen Seele ablehnte. Diese Ansicht wurde jedoch als so rückständig betrachtet, dass man sich wenig Mühe gab, sie zu widerlegen. Wenn Śaṅkarācārya heute seine Kommentare schreiben würde, wäre Cārvāka möglicherweise eine seiner Hauptzielgruppen. Denn während die überwältigende Mehrheit der Menschen an Gott und an ein Weiterleben nach dem Tod glaubt, hegen auch viele Zweifel daran. Und es glauben viele Menschen, dass das Bewusstsein nicht aus dem Selbst stammt, sondern irgendwie vom physischen Körper abhängig ist – ein Produkt, das sich aus dessen eigner Zusammensetzung ergibt. Wenn dieses Argument in den Brahma Sūtras auftaucht, legt Śaṅkarācārya Wert darauf, es ausführlich zu widerlegen.[34] Sehen wir uns kurz an, was, Śaṅkarācārya dort sagt.

über diese Philosophie wissen, stammt in erster Linie aus Abhandlungen von Philosophiehistorikern, wie Swāmī Vidyāraṇyas *Sarva Darśana Saṅgraha*, und wenn Cārvāka-Standpunkte in den Schriften anderer Philosophen dargestellt und negiert werden.

[34] Brahma Sūtra, Aikātmya Adhikaraṇam, 3.3.53-54

Śaṅkarācārya setzt *Atmā* mit dem Bewusstsein gleich und weist darauf hin, dass das Bewusstsein auch im toten Körper fortbestehen müsste, wenn es ein bloßes Produkt des physischen Körpers wäre. Der physische Körper bleibt schließlich noch einige Zeit nach dem Tod bestehen, und dennoch hält ihn niemand für bewusst. Heute können wir dem noch hinzufügen, dass auch tiefgekühlte und eingefrorene Körper nicht als bewusst gelten. Das zeigt den logischen Trugschluss in diesem Argument auf: „Weil wir das Bewusstsein nur über den Körper erfahren, muss der Körper die Quelle des Bewusstseins sein."

Śaṅkarācārya weist dann auf den logischen Trugschluss im gegenteiligen Argument hin. Zuvor verneinte er die These: „Wo ein Körper ist, ist auch Bewusstsein." Nun verneint er die These: „Wo kein Körper ist, gibt es auch kein Bewusstsein." Nur weil wir in einem toten Körper keine Anzeichen von Bewusstsein wahrnehmen, heißt das nicht, dass wir sicher sein können, dass das Bewusstsein verschwunden ist. Es könnte andere Gründe geben, warum das Bewusstsein in toten Körpern nicht zum Ausdruck kommt. Das ist ein Punkt, den Amma häufig anspricht:

„Wenn eine Glühbirne durchbrennt oder ein Ventilator sich nicht mehr dreht, bedeutet das nicht, dass es keine Elektrizität gibt“, sagt sie. „Sie ist immer noch da. Es bedeutet nur, dass die Glühbirne oder der Ventilator keine, geeignete Mittel mehr sind, um die Elektrizität auszudrücken, zu manifestieren. Auch das Bewusstsein braucht ein geeignetes Medium, um sich zu manifestieren. *Atmā* ist ewig und überall. Der Tod tritt nicht wegen der Abwesenheit von *Atmā* ein, sondern weil das Instrument, der Körper nicht mehr funktioniert. Zum Zeitpunkt des Todes ist der Körper nicht mehr in der Lage, Bewusstsein auszudrücken. Der Tod weist auf den Verfall des Instrumentes hin –und nicht auf die Unvollkommenheit von *Atmā*.“

Śaṅkarācārya und Amma sagen also, nur weil wir in einem toten Körper kein Bewusstsein erfahren, bedeutet dies nicht, dass Bewusstsein nicht anwesend ist. Śaṅkarācārya nutzt dieses Argument nicht, um zu sagen, dass das Individuum, welches sich des Körpers bedient hat, im Leichnam gefangen bleibt, sondern um darauf hinzuweisen, dass die Unfähigkeit, das Bewusstsein in einem Leichnam zu erkennen, kein schlüssiges Argument für dessen Abwesenheit ist.

Śaṅkarācārya bietet dann ein drittes Argument dafür an, warum der physische Körper nicht die Quelle des Bewusstseins sein kann. Er sagt, dass alles, was wir in diesem Universum sehen – Raum, Wind, Feuer, Wasser, Erde und all ihre Produkte –, von sich aus inaktiv sind. Daher muss der Körper, den wir auch sehen und der auch ein Produkt dieser inaktiven Elemente ist, logischerweise auch inaktiv sein. Wie kann er als solcher die Quelle des Bewusstseins sein?

Ein weiteres Argument besagt, dass wir im Allgemeinen in der Lage sind, Eigenschaften zu erfahren. Wenn der Körper einer Person dick ist, sehe ich dies. Wenn der Körper von jemandem einen üblen Geruch hat, nehme ich auch das wahr. Wenn dies der Fall ist und das Bewusstsein ein Attribut des Körpers ist, sollte ich dann nicht auch in der Lage sein, das Bewusstsein dieser Person zu erfahren? Doch niemand hat jemals das Bewusstsein eines anderen Menschen erfahren.

Um das folgende letzte Argument zu verstehen, müssen wir zu einigen der Prinzipien zurückkehren, die wir im *dṛg-dṛśya Viveka* Teil besprochen haben. Wir haben gesagt, dass ein wahrnehmendes Subjekt sich selbst niemals wahrnehmen kann. Das Auge mit seiner Sehkraft kann unzählige Objekte sehen, aber nie sich selbst. Jetzt präsentiert Śaṅkarācārya eine leichte Abwandlung dieser Idee. Er sagt, dass eine Eigenschaft einer gegebenen Substanz niemals die Substanz wahrnehmen kann, von der sie eine Eigenschaft ist. Das heißt, wenn man die Sehkraft als eine Eigenschaft der Augen betrachtet, kann diese Eigenschaft nicht die Augen sehen; die Eigenschaft des Schmeckens kann die Zunge nicht schmecken. Dieser Logik folgend sagt Śaṅkarācārya, wenn das Bewusstsein eine Eigenschaft des Körpers wäre, könnte es sich des Körpers nicht bewusst sein. Und doch sind wir uns alle des eigenen physischen Körpers bewusst. Daher kann das Bewusstsein keine Eigenschaft des Körpers sein.

Nochmals: Wir betrachten keines dieser Argumente als Beweis dafür, dass das ewige Bewusstsein die Natur des Selbst ist oder dass das Selbst den Tod transzendiert usw. Der Beweis besteht allein darin, dass dies in den heiligen

Schriften und vom Guru gesagt wird. Aber all diese Argumente Śaṅkarācāryas können uns die unlogische Natur der gegensätzlichen Ansichten aufzeigen, die allzu oft so tun, als wären nur sie alleine rational. Darum ist der Glaube an die Worte des Guru und der Schriften unerlässlich. Wenn wir uns auf Logik beschränken, die auf Sinneseindrücken beruht, werden wir nicht weiterkommen. Wie Bhartṛhari sagt:

> yatnenānumito'pyarthaḥ
> kuśalairanumātṛbhiḥ |
> abhiyuktatarairanyaiḥ anyathaivo papāyate ||
>
> Was von klugen Logikern mit großem Aufwand logisch hergeleitet wird, wird von noch Klügerem anders erklärt. [35]

Daher kann das, was aus einer Perspektive logisch zu sein scheint, aus einer anderen völlig irrational erscheinen. Wie Amma sagt: „Wenn wir mit festen, unbeirrbaren Schritten weiter durchs Leben gehen wollen, wenn wir mit einer Krise konfrontiert werden, müssen wir Zuflucht in Gott und seinem Pfad suchen. Ohne diese

[35] Vākyapadīya, 1.34

Zuflucht ist das Leben wie ein Gerichtsverfahren, in dem sich zwei Anwälte ohne Richter streiten. Die Verhandlung wird nicht weitergehen. Wenn sie ohne Richter argumentieren, ist kein Urteil möglich. Was ist die Wahrheit? Was ist der Weg? Was ist die Natur dieses Selbst, das ich bin? Wir können über diese Dinge auf der Grundlage von Logik streiten, aber für eine endgültige Überzeugung müssen wir uns die Lehren des Guru und der Schriften zu Eigen machen."

In den vorangegangenen Zitaten von Amma, in denen es darum ging, dass der Tod wie ein Punkt am Ende eines Satzes oder wie ein Wechsel des Zugabteils ist, sprach Amma tatsächlich über Reinkarnation. Damit sind sie Aussagen über die Ewigkeit der Seele innerhalb des Zeitprinzips – wie der feinstoffliche Körper den Tod des physischen Körpers überlebt und dann später einen neuen Körper annimmt. Sie sind ähnlich wie die Gītā-Verse:

vāsāṁsi jīrṇāni yathā vihāya
navāni gṛhṇāti naro'parāṇi |
tathāśarīrāṇi vihāya jirṇāni
anyāni saṁyāti navāni dehī ||

> Wie ein Mensch, der seine abgetragenen Kleider ablegt, neue anzieht, so legt auch der Verkörperte den abgetragenen Körper ab, und tritt in einen anderen, neuen Körper ein. [36]

Wie wir jedoch zu Beginn dieses Kapitels sagten, spricht das *sat* von *saccidānanda* über Ewigkeit auf einer gänzlich anderen Ebene. Es handelt sich nicht um eine Ewigkeit innerhalb des Zeitprinzips, sondern um eine Ewigkeit, welche die eigentliche Grundlage des Zeitprinzips ist. Auf dieser Ebene sagt Amma: „Die Menschen feiern ihre Geburtstage mit großem Tamtam, aber in Wahrheit bestätigen wir, solange wir unseren Geburtstag feiern, auch unseren Todestag. Der wahre Geburtstag ist der Tag, an dem wir verstehen, dass wir nie geboren wurden und nie sterben werden. *Atmā* stirbt nie, noch wird er je geboren. Er ist wie der Ozean. Der Ozean verändert sich nie; er bleibt das Substrat aller Wellen, die in ihm entstehen. Was ist denn eine Welle? Sie ist nur Wasser. Eine Welle kommt und verschwindet. Eine andere kommt, und auch sie verschwindet. Und wieder eine andere

[36] Bhagavad-Gītā, 2.22

steigt an einem anderen Ort und in einer anderen Form auf. Aber was sind das alles für Wellen? Sie sind nichts anderes als Meerwasser in verschiedenen Formen und Gestalten. Die Wellen erscheinen und verschwinden, tauchen wieder auf und verschwinden wieder, aber das Wasser bleibt dasselbe; es verändert sich nie. Die Wellen sind also nichts anderes als das gleiche Wasser in einer anderen Form und an einem anderen Ort. Auf die gleiche Weise manifestiert sich *paramatmā* als *jīvas* in verschiedenen Formen und unterschiedlichen Gestalten. Die Formen und Gestalten erscheinen und verschwinden, aber das wesentliche Prinzip, das Substrat – *Atmā* – bleibt für immer unverändert wie der Ozean."

Wenn wir also sagen, dass *Atmā* „reine Existenz" ist, meinen wir damit, dass überall dort, wo wir Existenz erfahren – das Selbst ist. Und wo wird die Existenz erfahren? Überall. Wir alle erleben ständig Existenz. Es ist nur so, dass wir niemals die „reine Existenz" erfahren. Wir können die reine Existenz nicht erfahren, weil sie das ist, was wir sind, und wie wir am Anfang des Buches gesehen haben, „kann das erfahrende Subjekt niemals das erfahrene Objekt sein." Wir können uns nur in einer Widerspiegelung erfahren. Wo spiegeln wir uns wider? Wir spiegeln uns in jedem Objekt in diesem Universum wider. Aber wie? Als das *sat* – das eigentliche Existenzprinzip, das jedes Objekt durchdringt.

Zum Beispiel, betrachten wir ein Zimmer, sehen wir da viele Dinge: vielleicht einen Tisch, einen Stuhl, eine andere Person, eine Katze, eine Wand usw. Wir sagen: „Der Tisch ist", „die Katze ist", „die Wand ist" usw. Vedānta lehrt, dass diese Aussagen in Wirklichkeit nicht eine einzelne, sondern eine doppelte Erfahrung darstellen, nämlich die Erfahrung des Objekts und die Erfahrung unseres Selbst – der reinen Existenz –, die sich in diesem Objekt widerspiegelt. Der Aspekt der Existenz wird durch das Verb „ist" wiedergegeben.

Du, *Atmā*, ist also reine Existenz. Du erfährst dich selbst in und durch jedes Objekt der Schöpfung – innerlich wie äußerlich. Denn wo immer ein Objekt erscheint, spiegelt dieses Objekt *Atmā* wider, und *Atmā* manifestiert sich in dem Objekt als Existenz.

Was ist also die Welt? Sie besteht aus Objekten plus Existenz. Entfernt man die Existenz, können die Objekte nicht existieren, weil man ihnen die Grundlage entzogen hat. Entfernt man hingegen die Objekte, so bleibt die Existenz weiter bestehen, ist aber nicht mehr manifest. Und was ist diese Existenz? Es ist *Atmā*. Und was ist *Atmā*? Das bist du.

So sieht man überall, wohin man hinschaut, sich selbst, sein Spiegelbild. Man ist *sat* – das Prinzip der Existenz, das in und durch jede Erfahrung in einem selbst vorhanden ist. Derjenige, der das Selbst wirklich kennt – ein *Atma-jñānī* wie Amma –, weiß, dass sie immer ihr eigenes Selbst in und durch die Schöpfung erfährt. Überall, wohin wir schauen, gibt es eine anhaltende duale Erfahrung: von *sat Atmā* plus Name und Form.

Als Amma einmal zu Programmen nach Australien flog, saß ein fünf Jahre altes Mädchen neben ihr. Das Kind hatte ein Malbuch, und Amma fragte es, ob sie mit ihm malen könne. Sie einigten sich auf einen Deal: Das kleine Mädchen würde die Farben aussuchen, und Amma würde malen. Tatsächlich dienten die Malbücher den Eltern eigentlich dazu, das Mädchen während Ammas Programmen zu beschäftigen. Da sie das Mädchen so oft malen sah, sagte eine von Ammas Schülerinnen zu dem Kind: „So, wie du diese Bilder malst, hat Amma dich gemalt." Als das kleine Mädchen und Amma mit dem Ausmalen des Bildes fertig waren, fragte das Kind Amma: „Hast du mich so gemalt?"

Amma blickte sie einige Augenblicke lang an und sagte dann: „Ich brauchte dich nicht zu malen. Weißt du, wenn man in einen Spiegel schaut und ein zweites Ich sieht? Du bist nur ein zweites Ich von mir – ein Spiegelbild. Jeder ist nur ein Spiegelbild, jede Pflanze, jedes Tier und jeder Mensch. Sogar die Stöcke und Steine!"

Das Kind sagte zu Amma: „Aber du siehst anders aus als alle anderen! Du bist so viel schöner!"

Amma küsste sie auf die Stirn und sagte: „Nun, du siehst mich als anders an. Ich sehe alle als gleich. Du siehst das Schöne und das Hässliche. Aber für mich gibt es nur Schönheit, weil alles ich ist."

Die reine Existenz zu sehen, die unser Selbst ist, *Atmā*, der sich überall widerspiegelt, ist „Ewigkeit der nächsten Ebene". Gab es in der Vergangenheit dieses Existenzprinzip? Ja, natürlich. Es ist ein ewiges Prinzip, das auch dann noch da sein wird, wenn sich das gesamte Universum aufgelöst: „Das Nichts ist." Die Zeit ist ein relatives Prinzip; sie erfordert Dualität. Nur wenn es zwei Momente gibt, ob sie nun ein Äon oder eine Millisekunde auseinander liegen, kann man von Zeit sprechen. Aber selbst, um von Zeit zu sprechen, erfordert es Existenz – „Zeit ist".

Erst wenn wir verstehen, dass Atmā das Substrat der Zeit ist, steigen wir auf vom Verständnis der Ewigkeit des Selbst als innerhalb der Zeit zu einer „nächsthöheren" Ewigkeit. Daher bezieht sich *sat* in *saccidānanda* letztlich nicht auf eine Sache, die permanent existiert. *Sat* ist die Existenz an und für sich – das „Sein" aller nicht permanenten Dinge.

Bis jetzt haben wir von *sat* in Zeit-Begriffen gesprochen. Aber die Existenz ist ein Prinzip, das auch den Raum betrifft. So wie wir sagen, dass alle Momente der Zeit, auf der reinen Existenz beruhen, gilt das auch für alles im Raum: „Das Haus ist hier", „der Mond ist dort", „das Licht ist überall" usw. Jeden Ort, den man sich im Raum vorstellen kann, ist die Existenz ebenfalls vorhanden.

Amma verliert nie aus den Augen, dass diese reine Existenz ihre wahre Natur ist. Letztlich ist Amma hier, um uns zu dieser Sichtweise zu erheben. Als Amma einmal von ihrer Welt-Tour zurückkehrte, klagten einige der Ashrambewohner*innen, die Amma vermisst hatten, und sagten: „Amma, du warst so lange weg. Wenn du so lange weg bist, haben wir das Gefühl, das du uns verlassen hast."

Amma antwortete: „Wo kann ich hingehen? Ich kann weder von irgendwo weggehen, noch kann ich irgendwo hingehen." Amma offenbarte ihre Identifikation mit dem Wahren Selbst – der Essenz von allem, das sich in jedem Atom als Existenz widerspiegelt.

Die Allgegenwart von *Atmā* wird in zahllosen Geschichten aus Indiens Purāṇas und Itihāsas usw. symbolisch dargestellt. Eine solche Geschichte handelt von Śuka, dem Sohn von Vedavyāsa. Der Legende nach fragte Göttin Pārvatī Gott Śiva eines Tages nach der Girlande aus Schädeln, die er stets um den Hals trug. Sie wollte wissen, wessen Schädel das seien. Śiva versuchte, die Frage abzuwenden, aber Pārvatīs Neugier war geweckt und sie konnte nicht beirrt werden. Schließlich gab Śiva zu, dass es ihre Schädel sind. „Wie können das, meine Schädel, sein?", fragte sie. Lord Śiva erklärte ihr, dass er sie so sehr liebe, dass er jedes Mal, wenn sie sterbe, ihren Schädel von der Verbrennungsstätte hole und ihn sich um den Hals hänge. Wenn sie dann wiedergeboren wird, findet er sie und heiratet sie erneut. Jedes Mal, wenn sie sterbe, füge er einen weiteren Schädel zu seiner Girlande hinzu. Pārvatī war verwirrt. „Warum darfst du unsterblich sein, während ich immer sterbe?"

Śiva erklärte ihr, der Grund dafür sei, dass er das Geheimnis der Unsterblichkeit kenne und sie nicht. Natürlich bat Pārvatī ihn, sie zu lehren. Als liebevoller Ehemann willigte er ein. Doch zuerst schüttelte er seine *ḍamaru*-Trommel, um alle in Hörweite zu verscheuchen, denn nur diejenigen, die qualifiziert für dieses Geheimnis waren, sollten es hören. Dann sagte er zu Pārvatī, dass sie regelmäßig „ja, ja" sagen müsse, während er ihr das Geheimnis offenbarte, weil es eine lange Geschichte sei und er wissen müsse, ob sie einschlafe. Sie stimmte zu, und er begann, zu erzählen.

Während Lord Śiva erzählte, nickte Pārvatī alle paar Minuten und sagte: „Ja, ja." Doch schließlich schlief sie ein. Śiva bemerkte es jedoch nicht. Der Grund dafür war, dass in einem nahen Baum ein Papageienbaby in einem Ei saß, das kurz vor dem Schlüpfen war. Als es Pārvatī sagen hörte: „Ja, ja", begann das Papageienbaby, sie nachzuahmen, während es der Geschichte von Lord Śiva lauschte.

Die Geschichte ging zu Ende, und Śiva bemerkte plötzlich, dass Pārvatī tatsächlich schlief. Er verstand gleich, dass jemand anderes „ja, ja" gesagt hatte. Als er den frisch geschlüpften Papagei sah, stürzte er sich mit seinem Dreizack auf ihn, da er glaubte, er sei für das Wissen der Unsterblichkeit nicht qualifiziert. Der Papagei flog so schnell er konnte, Śiva folgte ihm. Der Papagei flog hin und her, aber er konnte Śiva nicht abschütteln. Er flog mit Höchstgeschwindigkeit und kam so zum Haus des Weisen Vedavyāsa und seiner Frau, Piñjalā. In ebendiesem Moment gähnte Piñjalā, und der Papagei flog in ihren Mund und hinunter in ihren Bauch. Śiva verlangte, dass der Papagei herauskäme, damit er ihn töten könnte. Aber Vyāsa erklärte, dass es jetzt zu spät sei. Der Papagei war unsterblich, also konnte Śiva ihn ohnehin nicht töten.

Das Problem war, dass der Papagei nie wieder herauskommen wollte. Er hatte jetzt etwas Weisheit erworben und wusste, dass die Welt voller Bindungen und Anhaftungen war. Aus Piñjalās Bauch heraus sagte der Papagei: „Wenn ich herauskäme, würde ich wie dein Sohn behandelt werden, und wir würden beide den Schmerz der Anhaftung erfahren." Vyāsa versuchte, ihn herauszulocken, aber er rührte sich nicht. Zwölf Jahre lang blieb der Papagei in Piñjalās Bauch und wuchs die ganze Zeit über wie ein gewöhnliches Menschenkind heran. Mit einem 12-jährigen Kind in ihrem Bauch hatte Piñjalā große Schmerzen. So betete Vyāsa zu Kṛṣṇa, der sofort erschien. Śrī Kṛṣṇa versicherte dem Papagei, dass er keine versklavende Bindung erleiden würde, sondern schnell *Atma-jñānam* und Befreiung erlangen würde. Beruhigt tauchte der Papagei in der Gestalt und Größe eines 12-jährigen Jungen auf. Vyāsa und Piñjalā nannten ihn Śuka, was auf Sanskrit „Papagei" bedeutet.

Getreu Kṛṣṇas Wort erwies sich Śuka als sehr abgeklärt, und im Alter von 16 Jahren machte er sich auf den Weg, ein Sanyasi zu werden, Askese zu üben und Selbsterkenntnis zu erlangen. Vyāsa aber hing sehr an seinem Sohn, und als er erfuhr, dass sein Sohn weggegangen war, suchte er nach ihm, um ihn davon abzubringen. Doch es war zu spät. In der Tiefe seiner Meditationen hatte Śuka bereits sein Eins-Sein mit der Essenz aller Elemente realisiert und war mit allem verschmolzen. Er war für Vyāsa verloren, der ihn, sosehr er auch suchte, nicht finden konnte. Schließlich rief Vyāsa voller Panik und Kummer: „Sohn! Sohn! Sohn!" Und laut der Legende antwortete die ganze Natur – Erde, Wind, Sonne, Flüsse, sogar der Raum selbst – wie im Echo: „Vater... Vater... Vater...."

So surreal und fantastisch manche Purāṇa-Geschichten wie diese sind, sie enthalten die höchsten spirituellen Wahrheiten. Ob wir glauben, dass Śuka wirklich als Junge geboren wurde, nachdem er in Piñjalās Bauch geflogen war, usw., spielt keine Rolle. Was zählt, ist die Wahrheit, auf welche die Geschichten verweisen. Wie Amma sagt: „Nachdem wir den Saft aus dem Zuckerrohr gesaugt haben, können wir die Fasern ausspucken." Und in dieser Geschichte ist der Saft die Wahrheit, dass wir in unserer höchsten Natur die alles durchdringende reine Existenz sind. Vyāsa war auf der Suche nach dem begrenzten physischen Körper seines Sohnes. Aber Śuka hatte erkannt, dass er nicht der physische Körper war, sondern der *sad-Atmā* - die eigentliche Essenz, das So-Sein, das allen Körpern, allen Elementen zugrunde liegt. So war Śuka überall. Dies wird symbolisch damit illustriert, dass die gesamte Natur Vyāsa antwortete, als er nach seinem Sohn rief.

Es mag den Anschein haben, dass diese Geschichte einen Hauch von Traurigkeit enthält, etwas Bittersüßes. Śuka hat das ganze Universum gewonnen, aber Vyāsa hat seinen Sohn verloren. Doch in Wahrheit bedeutet Śukas Vereinigung mit dem Universum, dass er seinen Vater nie verlassen hat. So wie Śuka die alles durchdringende Existenz ist, so ist es auch Vyāsa. Es kann nicht zwei All-Durchdringende geben. Letztlich ist es also keine Geschichte der Trennung, sondern eine Geschichte des Eins-Seins. Es gibt nicht viele *Atmās*; es gibt nur *Atmā*. Deshalb ist es so, als ob ein Wassertropfen weint und zum Meer sagt: „Warum muss ich von dir getrennt sein?" Und das Meer lacht und sagt: „Was meinst du denn? Wir sind alle Wasser."

Amma selbst hat über Śukas Vereinigung gesagt: „Ein Mensch, der eins geworden ist mit dem höchsten Bewusstsein, ist eins mit der ganzen Schöpfung. Er ist nicht mehr nur der Körper. Er ist die Lebenskraft, die in allem in der Schöpfung leuchtet. Er ist das Bewusstsein, das allem seine Schönheit und Vitalität verleiht. Er ist *Atmā*, der allem innewohnt. Das ist der Sinn der Geschichte."

Die Wahrheit, dass unser *Atmā* der einzige *Atmā* ist – d. h. dass jedes Wesen in der Schöpfung seit Anbeginn der Zeit als Quintessenz ein und dasselbe Bewusstsein besitzt, ist ein weiterer Aspekt unserer Natur, den wir nicht durch die Sinne erfahren oder logisch herbeiführen können. Es ist die Wahrheit über uns selbst, die wir vom Guru und den Schriften lernen. Sobald wir das akzeptieren, werden wir feststellen, dass unsere Erfahrung und Logik dieses non-duale Wissen nicht hervorbringen, aber auch nicht verneinen können. Unser ehrfürchtiger Glaube an den Guru und die Schriften erheben es für uns zu einer Tatsache.

Amma spricht regelmäßig von dieser Wahrheit. Sie sagt oft, wenn wir wissen wollen, wer Amma ist, dann müssen wir wissen, wer wir sind. Das bedeutet, dass das Wahre Selbst von allen eins ist. Wie Amma es ausdrucksvoll formuliert: „Das Ich in mir bist du, und das Du in dir bin ich."

Die Upanischaden und die Bhagavad-Gītā verkünden durchgängig diese Wahrheit des ewigen Eins-Seins.

> eko devaḥ sarva-bhūteṣu gūḍhaḥ
> sarvavyāpī sarva-bhūtāntarAtmā |
> karmādhyakṣaḥ sarva-bhūtādhivāsaḥ sākṣī
> cetā kevalo nirguṇaśca ||

> Die eine, in allen Wesen verborgen Göttlichkeit, der alles durchdringende, in allem innewohnende *Atmā*, der Überwacher aller *Karmas*, die Rettung aller Wesen, der Zeuge,

das Bewusstseinsprinzip, non-dual, ohne Eigenschaften.[37]

Wie es in der Īśāvāsya Upaniṣad heißt:

yasmin-sarvāni-bhūtānyātmaivābhūd-
vijānataḥ | tatra ko mohaḥ kaḥśoka
ekatvam-anupaśyataḥ ||

Wenn für den Wissenden, alle Wesen zu *Atmā* allein werden, welche Täuschung und welches Leid kann es dann noch für diesen Seher der Einheit geben? [38]

Außerdem:

yadā bhūta-pṛthag-bhāvam
ekastham-anupaśyati |
tata eva ca vistāraṁ
brahma saṁpadyate tadā ||

Wenn man die Vielfalt der Wesen in dem Einen verankert sieht und sieht, dass ihre Manifestation nur von diesem Einen kommt, dann wird man zu *Brahman* .[39]

---

37 Śvetāśvatara Upaniṣad, 6.11
38 Īśāvāsya Upaniṣad, 7
39 Bhagavad-Gītā, 13.30

Und in der Gītā sagt Śrī Kṛṣṇa:

> sarva-bhūtastham-Atmānaṁ
> sarva-bhūtāni cātmani |
> īkṣate yoga-yuktAtmā
> sarvatra sama-darśanaḥ ||
> yo māṁ paśyati sarvatra
> sarvaṁ ca mayi paśyati |
> tasyāhaṁ na praṇaśyāmi
> sa ca me na praṇaśyati |
>
> Derjenige, dessen *Mind* dank Yoga geeint ist und der überall die Gleichheit sieht, sieht *Atmā* in allen Wesen und sieht alle Wesen in *Atmā*. Wer mich überall sieht, und wer alle Dinge in mir sieht, dem entschwinde ich nicht aus seiner Sicht, und er entschwindet auch nicht aus meiner Sicht.[40]

Diese beiden letzten Verse aus der Gītā betonen erneut, dass, was wir suchen, ein Wandel in unserem Verstehen ist. Wir müssen verstehen, dass in Wirklichkeit nur ein *Atmā* im Herzen all dieser scheinbar verschiedenen Wesen existiert, obwohl wir eine Vielzahl sehen. Das ist schwierig, weil verwirrender Weise dem Anschein

[40] Ebenda, 6.29-30

nach das Gegenteil bezeugt wird. Um dieses Phänomen zu erklären, verwendet Amma gerne ein Gleichnis – die eine Sonne, die sich in vielen Töpfen spiegelt. Amma sagt: „Angenommen, du nimmst 100 Töpfe mit Wasser und stellst sie in die Sonne. In jedem Topf wirst du eine Sonne sehen, nicht wahr? Aber das bedeutet nicht, dass es 100 verschiedene Sonnen gibt. Die Sonne ist eine, die Spiegelungen sind viele."

Dasselbe Beispiel wird in den Upanischaden verwendet, wobei anstelle der Sonnenspiegelung die Spiegelung des Mondes angegeben wird:

> eka eva hi bhūtAtmā bhūte bhūte
> vyavasthitaḥ |
> ekadhā bahudhā caiva dṛśyate jalacandravat ||

> Nur einer seiend, ist der *Atmā* aller Wesen in allen Wesen gegenwärtig. Obwohl er einer ist, wird er als viele gesehen, so wie der Mond in [verschiedenen Krügen voll] Wasser. [41]

Ausführlich diskutiert wird dieses Beispiel auch in den Brahma Sūtras[42] sowie in wichtigen

41 Amṛtabindu Upaniṣad, 12

42 Brahma Sūtra, 3.2.18

Vedānta-Abhandlungen wie dem Naiṣkarmya Siddhi[43], geschrieben von Sureśvarācārya, einem der vier direkten Schüler von Śaṅkarācārya. Kurz gesagt, die Schriften und Advaita *jñānīs* verkünden alle, dass es nur einen *Atmā* gibt, der sich in der gesamten Schöpfung als reine Existenz manifestiert, welche das Zugrundeliegende jedes einzelnen Objektes ist, das wir wahrnehmen.

Hier fühlt es sich so an, als könnte unser Kopf bald explodieren. Wie kann ich, dieses kleine menschliche Wesen, das nicht einmal in der Lage ist, pünktlich zur Arbeit zu kommen, das all-durchdringende Prinzip der reinen Existenz sein, das Zeit und Raum selbst enthält – das eine Wahre Selbst, das sich in allem Empfindungsfähigen und Nicht-Empfindungsfähigen manifestiert? Wenn wir eine solche Behauptung aufstellen, müssen wir uns selber auffangen, weil wir in die Unwissenheit zurückgefallen sind. Wenn der Guru und die Schriften uns sagen, dass wir die reine Existenz sind, das Fundament für den gesamten Kosmos, dann meinen sie nicht uns, das menschliche Wesen, sondern uns, das Wahre

43 Naiṣkarmya Siddhi, 2.47

Selbst. Sie meinen den Zeugen, der übrig bleibt, wenn wir mit der Schere der Unterscheidung alle oberflächlichen Schichten unserer Persönlichkeit abtrennen. Erinnert euch: Wir sind nicht dieser Körper, nicht dieser *Mind*, nicht dieses Ego. Wir sind das reine Zeugen-Bewusstsein, das die Körpererfahrung, die Erfahrung des *Mind* und die Ich-Erfahrung beleuchtet. Wenn wir unser Selbstkonzept derart umgeschrieben haben, dann ist die Vorstellung, „ich, das reine Zeugen-Bewusstsein, bin auch reine Existenz", gar nicht mehr so unglaubwürdig.

ĀNANDA: REINE GLÜCKSELIGKEIT

Schließlich kommen wir zu dem Aspekt des Selbst, auf den wir alle gewartet haben: *Ananda* – Glückseligkeit. Allein dafür haben wir doch diese Reise begonnen, oder? Das einzige Ziel unseres ganzen Lebens – was auch immer wir sonst verfolgen mögen – ist, glücklich zu sein, Liebe und Frieden zu erfahren. All diese Worte werden in dem Begriff *Ananda* zusammengefasst.

Amma und die Schriften sagen, dass Glückseligkeit kein externes Phänomen ist, es ist unser Wahres Selbst. So wie wir das eine Bewusstsein sind, das das gesamte Universum durchdringt, so wie wir die eine Existenz sind, so sind wir auch die eine Glückseligkeit. Glück mag scheinbar aus äußeren Objekten entstehen, aber in Wahrheit ist Glück unsere eigene Natur. Einige wichtige Aussagen in den Upanischaden, die dies zum Ausdruck bringen, sind:

> yo vai bhūmā tat-sukhaṁ nālpe sukham-
> asti bhūmaiva sukham |
>
> Das, was tatsächlich das Unendliche [Brahman] ist – das ist Glückseligkeit. Es gibt keine Freude im Endlichen. Das Unendliche allein ist Glückseligkeit. [44]

Und:

> yad-vai tat sukṛtam | raso vai saḥ | rasaṁ
> hyevāyaṁ labdhvā"nandī bhavati |
>
> Das, was als der Selbst-Schöpfer [*Brahman*] bekannt wird, ist wahrlich die Quelle der Freude; denn man wird glücklich, wenn man mit dieser Quelle der Freude in Kontakt kommt. [45]

---

[44] Chāndogya Upaniṣad, 7.23.1

[45] Taittirīya Upaniṣad, 2.7.1

Und:

> ānando brahmeti vyajānāt | ānandāddhyeva khalivamāni bhūtāni jāyante |
> ānandena jātāni jīvanti | ānandaṁ prayantyabhisaṁviśāntīti |
>
> Er kannte die Glückseligkeit als *Brahman*, denn aus der Glückseligkeit entspringen in der Tat all diese Wesen. Nachdem sie geboren wurden, werden sie von der Glückseligkeit aufrechterhalten; sie bewegen sich auf die Glückseligkeit zu und gehen in ihr auf. [46]

In Ammas Zitat, mit dem wir dieses Buch begonnen haben, heißt es: „Unser Leben ist dazu bestimmt, in Liebe geboren zu werden, in Liebe zu leben und schließlich in Liebe zu enden; aber tragischer Weise, obwohl die meisten ihr Leben auf der Suche nach Liebe verbringen, sterben die meisten von uns, ohne sie jemals zu finden." Der *Ananda*-Aspekt des *Atmā* ist also am schwierigsten zu akzeptieren. Wir können akzeptieren, dass wir immer existieren. Auch die Tatsache, dass wir immer bewusst sind, ist

[46] Taittirīya Upaniṣad, 3.6.1

vergleichsweise leicht zu akzeptieren. Aber wenn der Guru uns sagt: „Du bist von Natur aus Glückseligkeit“, dann denken wir, dass er vielleicht nicht ganz richtig im Kopf ist. Entweder das, oder er kennt eindeutig nicht unseren geistigen Zustand.

Auch hier ist das Spiegel-Beispiel hilfreich. Erinnern wir uns: als Subjekt können wir uns nie direkt erleben. Wir erleben unser Selbst nur indirekt als Spiegelbild des uns umgebenden Universums – sowohl des äußeren Universums der Welt als auch des inneren Universums des Körper-*Mind*-Komplexes. Wie bereits erläutert, spiegelt sich unser Existenzaspekt überall und an jedem Ort wider. Überall, wo etwas „ist“ – „der Boden ist“, „die Wand ist“, „der Junge ist“, „der Verstand ist“ usw. – ist dieses „ist“ eine Widerspiegelung von *Atmā*. Jedes Objekt – ganz gleich, wie gewöhnlich es ist – spiegelt unser „seiendes Sein“ wider.

Um unseren Bewusstseinsaspekt widerzuspiegeln, muss die Materie allerdings feinstofflich sein. Die grobstofflichen Elemente – Raum, Wind, Feuer, Wasser und Erde oder ihre Kombinationen wie Tische, Stühle, Gebäude – sind nicht in der

Lage, das Bewusstsein zu reflektieren. Sie können den *sat*-Aspekt des *Atmā* widerspiegeln, aber nicht seinen *cit*-Aspekt. Der *Mind* jedoch kann das Bewusstsein reflektieren und tut es auch. Der *Mind* jedes empfindungsfähigen Wesens – sei es der einer Kakerlake, eines Vogels, eines Hundes, eines Wals oder eines Menschen – ist in der Lage, das Bewusstsein bis zu einem gewissen Grad zu reflektieren. Sogar Pflanzen haben, obwohl sie unbeweglich sind, eine Art Nervensystem, welches ihnen ermöglicht, das Bewusstsein ebenfalls schwach zu reflektieren. So spiegelt sich das Bewusstsein im *Mind* wider – nicht in den grobstofflichen, empfindungslosen Objekten der Welt. Śrī Śaṅkarācārya drückt dies sehr prägnant in seiner advaitischen Abhandlung Ātmabodha aus:

> sadā sarvagato'pyAtmā
> na sarvatra avabhāsate |
> buddhāvevāvabhāseta
> svacchesu pratibimbavat ||

> Obwohl er alles durchdringt, leuchtet *Atmā* nicht in allem. Er manifestiert sich nur im *Mind*, wie ein Spiegelbild in etwas Reinem. [47]

Je weiterentwickelter der *Mind* ist, desto klarer reflektiert sich darin das Bewusstsein. Wir verwenden Ausdrücke wie: „Er hat ein höheres Bewusstsein" oder „er hat sein Bewusstsein erhöht" oder „durch die Evolution haben die Lebensformen ihr Bewusstsein entwickelt", aber in all diesen Ausdrücken ist das, was sich „entwickelt", „erhöht" oder „erhebt" usw., nicht das Bewusstsein, sondern die Fähigkeit vom *Mind*, ein begrenztes, umschriebenes Abbild des all-durchdringenden Aspekts des Bewusstseins des *Atmā* widerzuspiegeln.

Während sich die Existenz in jedem Aspekt der Schöpfung widerspiegelt und während sich das Bewusstsein nur in der Schöpfungs-Untergruppe widerspiegelt, die „*Mind*" genannt wird, spiegelt sich die Glückseligkeit in einer noch kleineren Untergruppe wider: dem ruhigen *Mind*. Deshalb ist die Glückseligkeit so greifbar für uns in *Mahatmās* wie Amma. Der *Mind* von

[47] Ātmabodha, 17

Amma ist so friedvoll, dass die Glückseligkeit des Selbst, immer in ihm strahlt. Ebenso gibt es Zeiten, in denen auch unser *Mind* ruhig und friedlich wird, und zu solchen Zeiten erleben wir gleichfalls Glückseligkeit. In der Meditation können wir den *Mind* bis zu einem bestimmten Grade zur Ruhe bringen und die Spiegelung des *Atmā* in ihm als Glückseligkeit erfahren. Im Tiefschlaf löst sich der *Mind* ebenfalls in der Stille auf, daher erleben wir alle den Schlaf als höchst glückselig. Der *Mind* kann durch Drogen künstlich beruhigt werden. Er kann auch vorübergehend durch die Erfüllung unserer Wünsche beruhigt werden. Das Problem beim Beruhigen des *Mind* durch Drogen und durch die Erfüllung von Wünschen liegt darin, dass der *Mind*, wenn die Wirkung nachlässt, noch unruhiger wird, als er vor der künstlichen Beruhigung war. So geraten viele Menschen in einen Teufelskreis und zerstören sich schließlich selbst und ihre Familien in der vergeblichen Hoffnung, etwas zu erreichen, dass eigentlich ihre wahre Natur ist.

Obwohl die Fähigkeit des *Mind*, unsere glückselige Natur zu reflektieren, von seinem Zustand abhängt, wird ein geringeres Maß an

Glückseligkeit fast immer reflektiert. In der Tat halten wir dieses Maß für selbstverständlich. Erst wenn sie ganz verschwindet oder auf ein winziges Maß zusammenschrumpft, merken wir, dass wir sie verloren haben. Amma sagt oft: „Wir merken erst, dass wir einen Kopf besitzen, wenn wir Kopfschmerzen haben." In ähnlicher Weise merken wir erst, dass wir immer ein gewisses Maß an widergespiegelter Glückseligkeit erlebt haben, wenn diese Widerspiegelung verschwindet. Bei Depressionen oder Drogenentzug kann der *Mind* so werden. Auf dieses Basis-Level der Glückseligkeit verweist die Bṛhadāraṇyaka Upaniṣad: *etasyaivānandasyānyāni bhūtāni mātrām-upajīvanti* – „Andere Wesen leben nur von einem Teilchen dieser Glückseligkeit."[48]

Diese Wahrheit erfahren wir regelmäßig. Wir denken, dass wir in einer bestimmten Situation unglücklich sind. Wir beschweren uns dauerhaft. Und was passiert dann? Das Problem wird schlimmer. Plötzlich denken wir: „Ich würde alles dafür geben, wieder zu dem vorherigen Maß an Unglücklichsein zurückzukehren." Das

48 Bṛhadāraṇyaka Upaniṣad, 4.3.32

heißt, ein kleines Maß an *Ananda* spiegelt sich fast immer wieder.

Dazu gibt es folgende Geschichte: Ein Ehepaar kommt zu einem Guru und erzählt ihm, sie würden ständig streiten und seien unglücklich. Der Guru rät ihnen, sich drei Hunde anzuschaffen und sie mit ihnen im Haus leben zu lassen. „Was immer ihr tut, lasst sie nicht raus", sagt er. „Kommt in einer Woche wieder." Das Paar befolgt diese Anweisung. „Und, wie ist es?", fragt sie der Guru nach einer Woche. „Schrecklich", sagen sie. „Das ganze Haus riecht nach Hund und Hundekot." Der Guru nickt und sagt: „Okay, schafft euch acht Katzen an. Lasst sie nie raus. Kommt in einer Woche wieder." Der Mann und die Frau sehen sich zögernd an, doch führen sie die Anweisung aus. Sieben Tage später kommen sie zurück. „Und?", fragt der Guru. „Es ist ein Albtraum!", sagen sie. „Die Hunde jagen die Katzen, die Katzen fauchen und bekämpfen sich gegenseitig. Das Haus stinkt entsetzlich." Der Guru nickt wieder und sagt: „Okay. Jetzt besorgt euch zehn Gänse. Haltet sie im Haus. Wir sehen uns in einer Woche." Das Paar kommt nach einer Woche wieder. Sie sehen furchtbar aus. Das Gesicht der Frau ist ganz aufgedunsen. Der Arm des Mannes steckt in einer Schlinge. Ihre Kleidung ist schmutzig. Sie sehen aus, als hätten sie nicht geschlafen. Der Guru fragt: „Und?“ Das Paar bricht weinend zusammen: „Es ist die Hölle. Überall Federn! Zwei tote Gänse. Ich bin im Gänse-Kot ausgerutscht und habe mir den Arm gebrochen. Meine Frau ist anscheinend allergisch gegen Katzen. Sie kann kaum atmen. Das ganze Haus ist ein einziges großes, ekelhaftes Chaos!“ Der Guru sagt: „Okay. Werdet alle Tiere los. Kommt in einer Woche wieder.“ Eine Woche später kommt das Ehepaar zurück. Sie halten sich an den Händen, lächeln, strahlen – ein Bild der ehelichen Harmonie. Sie fallen dem Guru zu Füßen und preisen ihn für seine Fähigkeit, Wunder zu vollbringen.

Diese Geschichte lehrt uns, dass sich ein gewisses Maß an Glück im *Mind* widerspiegelt, selbst während dem sogenannten „Unglücklich-Seins“. Wenn wir wollen, dass der *Mind* dauerhaft mehr Glück widerspiegelt, gibt es dafür nur ein Mittel: ihn durch Meditation ruhiger zu machen und unsere Vorlieben und Abneigungen zu verringern.

Ich erinnere mich, als ich vor langer Zeit Amma und die anderen *brahmacārīs* in einem Van fuhr, dass ein älterer Devotee neben mir, immer wieder Ammas Spiegelbild im Rückspiegel betrachtete. Er bemerkte ganz unschuldig und wie ein Kind: „Ich kann Ammas Bild im Rückspiegel sehen.“ Da lachte Amma und sagte: „Du wirst in der Lage sein, Gott überall zu sehen, wenn dein *Mind* von allen Unreinheiten befreit und zu einem klaren Spiegel geworden ist.“

Amma enthüllte diese Wahrheit: Der *Mind* ist wie ein Spiegel. Je mehr wir den *Mind* polieren, desto klarer wird die Glückseligkeit unseres Wahren Selbst reflektiert, sodass wir sie erleben können. Je mehr wir diesen Spiegel vernachlässigen, indem wir in Egoismus, negative Gedankenmuster und Disziplinlosigkeit verfallen, desto trüber wird der Spiegel. Doch unabhängig davon, wie poliert oder schmutzig der Spiegel ist, bleibt die Realität des Selbst dieselbe. Sie ist *saccidānanda* – Existenz, Bewusstsein, Glückseligkeit.

Amma hat vielen Menschen eine Methode gelehrt, die uns dabei helfen kann, zu erkennen, dass es in Wirklichkeit unser eigenes Spiegelbild ist, wo immer Glückseligkeit auftaucht, ob in unserem *Mind* oder im *Mind* anderer Lebewesen, es ist das Spiegelbild des Wahren Selbst. Manchmal sagen Menschen zu Amma, dass sie traurig sind, weil sie sich wünschen, mehr Zeit in Ammas Nähe verbringen zu können. Sie sehen andere Menschen, die zum *Darshan* gehen oder mit Amma sprechen, und sie werden neidisch auf die Glückseligkeit, die sie in diesen Menschen wahrnehmen. Dazu sagt Amma oft: „Wenn du siehst, wie jemand es genießt, mit Amma zusammen zu sein, dann solltest du versuchen, diese Person als dich selbst zu sehen."

Ich habe das Gefühl, dass viele Menschen diese Anregung nicht ernst nehmen, sie betrachten es eher so, als ob Amma sie lediglich beschwichtigen wolle. In Wahrheit weiht Amma uns in eine tiefgehende advaitische Praxis ein: Eine Praxis, in der wir uns selber daran erinnern, dass wir, das Wahre Selbst sind, die einzige Quelle aller in der Schöpfung erfahrenen Glückseligkeit. Wo immer auf der Welt Glückseligkeit erfahren wird, sie ist unsere eigene Spiegelung.

Wenn wir diese drei Spiegelungen des Selbst verstehen, beginnen wir zu begreifen, dass das

Selbst allgegenwärtig ist – dass, wohin wir auch schauen, wir da sind. Wann immer wir jemanden lächeln oder lachen sehen, sollten wir erkennen: „Diese Glückseligkeit, die in der Person leuchtet, ist eine Spiegelung von mir, dem einen Wahren Selbst.“ Wann immer wir ein anderes Lebewesen sehen, sollten wir dies verstehen: „So wie ich bewusst bin, ist das Gegenüber bewusst; dieses Bewusstsein ist eine Spiegelung von mir, dem einen Wahren Selbst.“ Und wo immer wir irgendetwas sehen: „Das ‚Sein‘, das dieses Objekt stützt – es ist ein Spiegelbild von mir, dem einen Wahren Selbst.“ Es gibt einen schönen Vers in einer vedāntischen Abhandlung, der diese höchste Vision wunderbar ausdrückt:

asti bhāti priyaṁ rūpaṁ
nāma-cetyaṁśa-pañcakam |
ādya-trayaṁ brahma-rūpaṁ
jagad-rūpaṁ tato dvayam ||

Existenz, Bewusstsein, Glückseligkeit, Form und Name - das sind die fünf Teile. Die ersten drei haben die Natur von *Brahman*, die letzten beiden haben die Natur der Welt. [49]

---

[49] Dṛg-Dṛśya Viveka, 20

In dem Vers ist die Terminologie etwas anders als die, die wir bisher verwendet haben. Dort wird die Existenz als *asti* bezeichnet, das Bewusstsein als *bhāti* und die Glückseligkeit als *priyam*. Diese drei, wo immer ich sie erlebe, gehören zu mir – zu *Brahman*, dem Wahren Selbst. Die beiden anderen Dinge, die wir erfahren, sind bloße Namen und Formen, also die Welt.

In der Sicht von Amma und den Schriften sehen wir also überall nichts anderes als unser eigenes Selbst. Eingebettet in diese vedāntische Sichtweise sollte sich unser Denken allmählich wie folgt wandeln: „In manchen Dingen, wie in einem Holzscheit oder in Gebäuden, spiegele ich mich als Existenz. In manchen Wesen, wie in Vögeln, anderen Tieren und Menschen, spiegele ich mich als Existenz und Bewusstsein wider. Und in einigen anderen Fällen – wie in der Person, die über einen Witz lacht, oder in dem Vogel, der glückselig zwitschert, oder in einem Hund, der fröhlich mit seinem Schwanz wedelt – spiegele ich mich als Existenz-Bewusstsein-Glückseligkeit wider. Unabhängig davon, wann und wo und in welchem Ausmaß ich mich spiegele, bin ich nicht die Spiegelung. Die Spiegelungen kommen und gehen, doch ich bin das ewige Original, das niemals kommt oder geht – das eine, sich selbst erfüllende Subjekt, das sich in unendlich vielen Namen und Formen mannigfaltig spiegelt." Dies ist Ammas Sicht und die Sicht, zu der sie versucht uns zu erheben.

Ich erinnere mich an einen bestimmten Moment, als Amma diese Sicht ihres Selbst offenbarte. Es war während einer Frage-und-Antwort-Runde in Seattle. Eine Devotee sagte zu Amma: „Amma, wenn ich in deine Augen schaue, habe ich das Gefühl, das ich das gesamte Universum darin sehen kann." Dann fragte sie Amma, warum ihre Augen so schön seien und ob Amma selbst je die Schönheit ihrer eigenen Augen kontempliert habe. Amma antwortete: „Amma sieht ihre eigenen Augen durch die Augen ihrer Kinder."

In der Tat ist diese Aussage wie ein *sūtra*, in dessen Kürze sich die gesamte Spiritualität entfaltet. Amma sagte, dass sie zwar ihre eigenen Augen physisch nicht sehen kann – weil, wie wir wiederholt gesagt haben, der Sehende nicht das Gesehene sein kann –, aber dennoch weiß sie in ihrer höchsten Weisheit, dass sie allein es ist, die sich in allen Aspekten der Schöpfung mannigfaltig spiegelt. Der Sehende kann nicht das Gesehene sein, aber das Gesehene ist eine Spiegelung des Sehenden.

Dies ist die Sichtweise, durch die wir das wahre Eins-Sein erlangen. Dies ist die Sichtweise, dank der wir wissen, dass wir die Essenz jedes Berges, jedes Sees, jedes Flusses und jedes Ozeans, jedes Sterns und jeder Brise, ja gar des gesamten Raumes sind. Es ist die Sichtweise, durch die wir schließlich verstehen, dass, wie Amma sagt, „Das Ich in mir bist du, und das Du in dir bin ich". Es ist die Sichtweise, durch die wir wissen, dass jedes Lachen und jedes Lächeln die Glückseligkeit spiegelt, welche unser Wahres Selbst ist.

Nur durch diese Sicht werden wir endlich frei. Denn wenn wir wirklich verstehen, dass es nichts anderes gibt als uns selbst und unser Spiegelbild, wo bleibt dann Platz für Angst im Leben? Wen sollten wir hassen, über wen sollten wir uns ärgern? Was gibt es, das wir suchen oder vor dem wir weglaufen? Wir haben verstanden, dass alles wir selbst, alleine wir selbst sind. Dann verstehen wir auch, dass all die Aussagen in den

Upanischaden über *Brahman* oder *Atmā* oder „das" nicht über etwas Fernes und Unbekanntes sprechen; sie sprechen über uns selbst:

Das Feuer ist einfach das; die Sonne ist das; der Wind ist das; und der Mond ist auch das! Der Kluge ist einfach das; *Brahman* ist das; die Gewässer sind das; und Prajāpati ist das! Du bist eine Frau; du bist ein Mann; du bist ein Junge oder ein Mädchen. Als alter Mann taumelst du mit einem Gehstock dahin. Wenn du geboren wirst, wendest du dein Gesicht in alle Richtungen. Du bist der dunkelblaue Vogel, der grüne mit den roten Augen, die Regenwolke, die Jahreszeiten und der Ozean. Du lebst als einer ohne Beginn, weil du alles durchdringst, du, aus dem alle Dinge entspringen. [50]

Ursprünglich haben wir durch unseren Prozess von *dṛg-dṛśya Viveka* alles, was wir erleben, zwangsläufig als „nicht ich" abgesondert. Die Welt mit all den Dingen ist ein erfahrenes Objekt. Daher kann sie nicht ich, das erfahrende Subjekt, sein. Dieser Körper und seine Handlungs- und Wissensorgane werden

[50] Śvetāśvatara Upaniṣad, 4.2-4

ebenfalls erfahren, also sind sie nicht ich. Das Gleiche gilt für die Energie im Körper – sie ist nicht ich. Ebenso sind alle unsere Gedanken, Emotionen, Ideen, Konzepte, sogar unser Gefühl, der Denkende, der Handelnde und der Erfahrende, auch all der Frieden und das Glück, das ich erfahre – alles bin nicht ich. Da ich mir all dieser Dinge und Phänomene bewusst bin, sind sie allesamt Objekte, und deshalb kann keines von ihnen ich sein. Aber jetzt verstehen wir dies: „Moment, obwohl all diese Dinge tatsächlich Objekte sind und nicht das ursprüngliche Ich, sind sie doch gleichzeitig Spiegelungen von mir. Ich bin *saccidānanda* – Existenz-Bewusstsein-Glückseligkeit, alles durchdringend. Somit ist alles Seiende, egal in welcher Dimension der Realität, nichts anderes als ich, eine unendliche Spiegelung von mir."

Dies ist das höchste Wissen – ist die Weltsicht, in der Amma ewig weilt – eine Ekstase, in der wir unser eigenes ewiges, glückseliges Selbst sehen, wie es sich überall widergespiegelt:

> mayyeva sakalaṁ jātaṁ mayi sarvaṁ pratiṣṭhitam | mayi sarvaṁ layaṁ yāti tad-brahmādvayam-asmyaham ||

In mir allein ist alles entstanden. In mir allein wird alles aufrechterhalten. Zurück in mir löst sich alles auf. Ich bin das unendliche, reine Bewusstsein, außer dem nichts anderes existiert. [51]

[51] Kaivalya Upaniṣad, 19

7

Vedānta leben

„Erleuchtung ist für mich peanuts, Erdnüsse.“ gelegentlich sagt Amma das. Wenn wir es zum ersten Mal hören, sind wir schockiert. Wie kann das Kostbarste und Wertvollste in der Schöpfung – das einzig wahre Ziel eines menschlichen Lebens – in Ammas Augen peanuts sein, das man an jeder Straßenecke Indiens für 20 Rupien kaufen kann?

Tatsächlich aber ist dies Ammas Art zu sagen, dass für sie die wahre göttliche Natur dieser Welt, ihrer selbst und Gottes – die essenzielle Einheit von allem – so offensichtlich ist, dass sie alltäglich erscheint. Es ist wie die Feststellung, „die Sonne ist gelb“ oder „Wasser ist nass“. Und wenn Amma sagt: „Verwirklichung ist für mich wie Erdnüsse“, dann weist sie damit auch auf die letztliche Einfachheit der spirituellen Lehren hin. Wie wir in diesem Buch gesehen haben, ist die advaitische Sichtweise an sich nicht kompliziert. Sie ist wundersam, und, anfangs mögen einige

Aspekte widersprüchlich erscheinen, aber sie ist etwas, das fast jeder verstehen könnte. Du bist nicht der Körper und der *Mind.* Du kannst dies nicht sein, weil du beides beobachtest. Deshalb bist du das völlig unobjektivierbare Zeugen-Bewusstsein. Die Natur dieses unerkennbaren „Du", eine ewige Essenz der gesamten Schöpfung. Die gesamte Schöpfung entsteht aus ihm, wird in ihm aufrechterhalten und löst sich am Ende eines Schöpfungszyklus wieder in ihm auf. Überall, wo du Existenz, Bewusstsein oder Glückseligkeit erfährst, spiegelst du allein dich in dieser Schöpfung wider, so wie eine Fata Morgana, die aus dir entsteht. Dieses Wissen selbst – so unglaublich es uns auch erscheinen mag – ist einfach. Für Amma sind das peanuts - Erdnüsse.

Selbsterkenntnis ist zweifellos wertvoll. Aber der wahre Wert – für uns und für die Welt – entsteht, wenn wir in der Lage sind, dieses Wissen vollständig zu verinnerlichen, es in unseren unbewussten *Mind* eindringen lassen und es in Tat umzusetzen. Daher lag Ammas Schwerpunkt immer auf *jñāna-niṣṭhā*, nicht nur auf *jñānam*. Für Amma hat *jñānam* ohne *niṣṭhā* nur begrenzten Wert. Es ist so, als ob man den Witz versteht, aber nicht lacht.

Niṣṭhā ist der Zustand, in dem man solide, unerschütterlich und fest verankert im Wissen ist. Man kommt auf die *niṣṭha* Ebene, wenn das Wissen nicht nur an der Oberfläche bleibt, sondern ins Unbewusste dringt. Geschieht dies, so werden unsere Gedanken, Worte und Handlungen immer im Einklang mit unserem vedāntischen Wissen sein. Das ist es, was Amma so besonders macht. Unzählige Menschen haben Vedānta verstanden und einen enormen emotionalen Nutzen aus der höchsten Lehre gezogen, aber das Ausmaß, in dem Amma eins mit dieser Lehre ist und das Ausmaß, in dem die Lehre durch jeden ihrer Gedanken, durch ihre Worte und Taten strahlt, ist nahezu beispiellos.

Für Amma sind die grundlegenden Bewertungsmaßstäbe von *jñāna-niṣṭhā* zwei; nämlich geistiger Gleichmut und Mitgefühl. Führt das Wissen, wir sind nicht Körper oder *Mind*, zu geistigem Gleichmut, wenn uns Erfolg und Misserfolg begegnen? Von Lob und Kritik? Das Wissen, dass wir Eins-Sein sind, mit allen Wesen , findet es Ausdruck als Freundlichkeit und mitfühlendem Dienst? Das ist es, was Amma „Vedānta leben“ nennt. Und dies ist die zentrale Botschaft von Ammas Leben. Das ist es, worauf sie wert legt.

Es folgt das Beispiel, das Amma immer wieder anführt, um zu zeigen, wie verinnerlichtes *ātma-jñānaṁ*, sich als Mitgefühl für andere manifestieren sollte. Amma sagt: „Angenommen, die linke Hand ist verletzt. Würde da die rechte Hand sagen: ‚Oh, das ist die linke Hand; das hat nichts mit mir zu tun‘? Nein, die rechte Hand sorgt sich sofort um die linke Hand, versucht sie zu beruhigen und gibt ihr bei Bedarf Medizin. Das liegt daran, dass sie die linke Hand nicht als etwas anderes ansieht, als sich selbst. Wenn wir wahres spirituelles Verständnis haben, werden wir so auf das Leid aller Wesen reagieren.“

In Ammas ganzem Leben ist dies Prinzip lebendig, voll manifestiert. Vor ein paar Jahren sagte ein Journalist zu Amma: „Du verbringst Tag und Nacht so viel Zeit damit, anderen Menschen zu helfen, ihre Tränen zu trocknen und ihre Fragen zu beantworten. Was ist mit dir? Nimmst du dir keine Zeit für dich selbst?“

Ammas Antwort war rührend: „Ich sehe keinen Unterschied. Ihre Zeit ist meine Zeit."

Dies ist die Sicht eines wahren *Atma-jñānī* wie Amma. Kṛṣṇa drückt dieses in der Gītā aus, wenn er sagt:

> ātmaupamyena sarvatra
> samaṁ paśyati yo'rjuna |
> sukhaṁ vā yadi vā duḥkhaṁ
> sa yogī paramo mataḥ ||

> O Arjuna, derjenige, der Glück und Leid überall [in allen Wesen] sieht und an allen den gleichen Maßstab anwendet, den er auch an sich selbst anwendet, dieser Yogī gilt als der Höchste. [52]

Um darzustellen, wie die richtige Verinnerlichung von *Atma-jñānaṁ* zu mentalem Gleichmut führt, gibt Amma ein anderes Beispiel: Werden andere von tragischen Schicksalen heimgesucht, engagieren wir uns im Allgemeinen nicht. Amma sagt, wenn wir das Wissen der Selbsterkenntnis verinnerlicht haben, werden wir ganz natürlich den gleichen Grad an Distanziertheit empfinden,

52 Bhagavad-Gītā, 6.32

wenn wir selber Problemen gegenüberstehen. Sie sagt, dass wir derzeit, wenn unsere Nachbarn einen geliebten Menschen verlieren oder leiden, ihnen leicht mit weisen vedāntischen Ratschlägen beistehen können. Aber falls uns das Gleiche widerfährt, werden wir feststellen, dass wir diejenigen sind, die weinen.

Wenn wir Bewusstsein wirklich als unsere Natur verinnerlichen, werden wir uns mit dem Zeugen identifizieren. Dann betrachten wir alles, was unserem Körper-*Mind*-Komplex widerfährt, mit der gleichen Distanziertheit, als ob es jemand anderem widerfährt. Amma sagt: „Das Zeugen-Prinzip ist die Haltung, nichts als unser Eigenes zu betrachten. Denn wenn wir Gutes wie Schlechtes ohne vorgefasste Meinung betrachten und uns mit dem reinen Bewusstsein identifizieren, führen uns unsere Handlungen und ihre Ergebnisse nicht zu Anhaftungen. Der Höhepunkt des Zeugen-Seins ist, wenn unser *Mind* wie ein Spiegel wirkt. Ein Spiegel sagt niemals: ‚Oh wie schön!‘ oder ‚Igitt! Wie widerwärtig. Das ist so hässlich!‘ Er reflektiert einfach schweigend alles, was vor ihm erscheint.“

Einmal fragte ein Ashram-Bewohner Amma, welchen Sinn es habe, die Wahrheit: „Ich bin Bewusstsein", in sich zu verinnerlichen. Nach einer Weile begann Amma ihm von einer Reihe von Fehlern zu erzählen, die ein anderer Ashram-Bewohner gemacht hatte. Er hörte aufmerksam zu, als Amma die Fehler dieser Person aufzählte, stimmte er ihr zu, und lächelte sogar. Plötzlich hielt Amma inne und sagte: „Du weißt, dass ich nicht von jemand anderem spreche, nicht wahr? Ich spreche von dir. Die Leute haben mir erzählt, dass du diese Dinge getan hast." Das Lächeln verschwand sofort aus seinem Gesicht. Dann sagte Amma: „Siehst du nun den Sinn des Zeuge-Seins? Als du dachtest, jemand anderer hätte diese Fehler begangen, haben dich meine Worte nicht beunruhigt. Du bist ein Zeuge geblieben und hast über alles gelächelt. Aber als du gemerkt hast, dass du beschuldigt wurdest, ist deine Fröhlichkeit verschwunden. Der Zustand des Zeuge-Seins ist die Fähigkeit, zurückzutreten und alles mit einem Lächeln zu betrachten, ohne an einer Situation anzuhaften oder ein Gefühl ‚ich bin der Handelnde' zu haben."

Amma sagt, wenn wir ärgerlich auf jemand sind, sollten wir versuchen zu denken: „Ich bin nicht der Körper, ich bin das reine Bewusstsein. Ich bin nicht das, was diese Person von mir sagt, warum sollte ich also ärgerlich werden? Auch er ist nicht der Körper, sondern reines Bewusstsein. Auf wen bin ich also ärgerlich?"

Darin liegt der Wert der Selbsterkenntnis – wenn wir nicht nur verstehen, dass wir nicht der Körper-*Mind*-Komplex sind, sondern wenn wir auch während des Konfliktes fest in diesem Wissen bleiben können und nicht reagieren, wenn der Körper-*Mind*-Komplex kritisiert wird. Ähnlich manifestiert sich der Wert der Selbsterkenntnis, wenn wir unser Eins-Sein mit allen Lebewesen nicht nur intellektuell verstehen, sondern wenn wir alle lieben und ihnen dienen, so wie wir uns selber lieben und dienen würden.

Im Jahr 2004, nach dem Tsunami, wurden der gesamte Ashram und die umliegenden Dörfer vollständig überflutet. Amma verbrachte den ganzen Tag hüfttief in den Fluten und evakuierte Dorfbewohner, Besucher und Ashram-Bewohner. Am Abend war sie die Letzte, die auf das Festland übersetzte. Zu dieser Zeit fragte ich

Amma, wie es ihr gehe. Amma sagte: „Gleich, was draußen passiert, im Inneren bin ich immer gelassen." Das ist das Kennzeichen von *jñāna-niṣṭhā* – innere Gelassenheit, selbst im Angesicht eines Tsunamis.

In den frühen Tagen des Ashram kam ein Mann namens Dattan, der leprakrank war, häufig zum *Darshan*. Amma reinigte seine Wunden mit ihren bloßen Händen und ihrer Zunge und saugte manchmal sogar den Eiter aus seinen Wunden. Damals fragte ich Amma: „Amma, wie kannst du das tun? Ekelt dich das nicht an?" Amma sagte: „Sohn, empfindest du Abneigung, wenn du eine Wunde an deinem eigenen Arm versorgst? Ich betrachte seinen Körper nicht als etwas, das von mir getrennt ist." Solch ein zärtlicher, mitfühlender Dienst für jene, die in Not sind, ohne Rücksicht auf sich selbst – das ist *jñāna-niṣṭhā*.

Im Gegensatz zu normalen Menschen wählt ein *Avatār* die Umstände seines Lebens: wo er geboren wird, wo er leben wird, was er tun wird usw. Für den Entschluss, „Vedānta [zu] leben" und dies zu lehren, hat Amma das perfekte Mittel geschaffen, ihren *Darshan*.

Um dies zu veranschaulichen, erzählte ein Brahmacārī einmal die folgende imaginäre Geschichte über Amma. Er sagte, es sei so, als ob Devī vor ihrer jüngsten Geburt im Himmel saß und begann, über das Leben auf der Erde nachzudenken. Sie fragte ihre himmlischen Gefährtinnen und Gefährten – ihre *Saktis*: „Wo sollte ich geboren werden?" Und da sie an einen schönen Urlaub gemeinsam mit ihr dachten, sagten sie: „Hmm... Kerala! Es ist so wunderschön. Es ist ein Land Gottes!" Und Devī sagte: „So sei es denn." Dann fragte Devī: „Bei wem soll ich geboren werden?" Und die *Saktis* dachten: „Nun, es sollte irgendwo abgelegen sein, damit nicht zu viele Leute kommen und uns stören." Also sagten sie: „Es gibt ein tugendhaftes Ehepaar, das zwischen den Backwaters und dem Arabischen Meer lebt. Sie sind sehr fromm." (Sie ließen den Teil weg, dass es keine Brücke gab!) wieder sagte Devī: „So soll es sein." Dann fragte Devī: „Aber was soll ich dort tun?" Und die *Saktis* sagten: „Du kannst die Menschen im Dharma unterweisen und sie zu ihrer göttlichen Natur erheben." „So soll es sein", sagte Devī. „Aber wie soll ich das tun?" Und die

Saktis verstummten alle. Denn die Fähigkeit, über diese Wahrheit zu sprechen – die jenseits der Worte und des *Mindes* liegt, die gar nicht objektiviert werden kann – gleicht einem Wunder. Aber schließlich meinte eine, der *Saktis* – die für ihre Komik bekannt war, scherzhaft: „Nun, vielleicht kannst du sie einfach umarmen." Da waren die anderen *Saktis* verwirrt. „Umarmen?" Die Komödiantin lachte und sagte: „Ja, ihr wisst schon, so wie die Verschmelzung von *jīvatmā* und *paramatmā*." Es sollte ein Scherz sein, aber Devīs Augen leuchteten auf. „Ja! Ja! Ich werde sie umarmen." Die *Saktis* wurden ein wenig nervös. Etwas an diesem Blick in Devīs Augen ... Devī sagte: „Zuerst werden es nur ein paar sein. Und ich werde mir ihre Probleme anhören, ihre Tränen trocknen und sie umarmen und alles für sie tun, was ich kann. Und dadurch werden die Menschen sehen, dass es möglich ist, sich um jemanden so zu kümmern, wie man sich um sich selbst kümmert. Aber dann kommen mehrere Hunderte, und ich werde auch sie umarmen und ihnen wahres Mitgefühl zeigen." Die *Saktis* wurden immer nervöser. Das gefiel ihnen ganz und gar nicht. Aber Devī wurde immer aufgeregter.

„Und dann werden es Tausende sein, und ich werde sie umarmen und ihnen meine Liebe und mein Mitgefühl schenken. Und die Leute werden denken: ‚Wie kann sie das tun? Das dauert ja Stunden über Stunden! Sie macht keine Pause! Sie nimmt sich keine Zeit für sich selbst! Ihr ganzes Leben besteht darin, die Tränen dieser Menschen zu trocknen und sie zu trösten! Muss sie sich nicht auch mal ausruhen? Wie kann sie das nur aushalten? Wie kann sie immer noch lächeln?‘“ „Aber ich werde nicht aufhören. Und dann werden aus den Tausenden Millionen werden. Und einige von ihnen werden Blumen werfen, und einige werden Steine werfen, aber ich werde sie alle gleich lieben. Ich werde allen das Mitgefühl entgegenbringen, nach dem sie sich so verzweifelt sehnen. Und einige werden mich verspotten und tadeln. Einige werden mich verraten, aber ich werde ihnen trotzdem nichts als Liebe entgegenbringen. Und dann werden Millionen kommen. Und niemand wird es glauben. Sie werden sagen: ‚Wie kann sie das tun? Ihr Körper muss zerbrechen!‘ Und der Körper, den ich nehme, wird zerbrechen. Aber ich werde trotzdem lächeln. Ich werde ihre Erfolge anfeuern und ihre Tränen trocknen. Ich werde ihnen zeigen – ich werde der ganzen Welt zeigen –, was Vedānta wirklich ist. Was es wirklich bedeutet und wie es aussieht, wenn jemand weiß, dass er oder sie Gott ist und dass das ganze Universum ihr Kind ist." Und die *Saktis* sagten daraufhin: „Bitte, Devī, tu das nicht! Weißt du, wie schmerzhaft es sein wird? Die Menschen werden so unwissend sein. Sie werden immer mehr und mehr und mehr von dir wollen. Sie werden dich mit ihren Problemen, Sorgen, Fragen und Briefen nicht zur Ruhe kommen lassen. Und obwohl du sie lehrst und ihnen die Wahrheit zeigst, wird die Mehrheit sie überhaupt nicht verstehen! Wir können es nicht ertragen, das zu hören! Wir wollen dich nicht solchen Schmerzen ausgesetzten." Aber noch während sie so sprachen, begann das leuchtende Rot von Devīs *sāri* bereits weiß zu werden. Auch Devīs langes, wallendes schwarzes Haar begann sich bereits zu einem Dutt zusammenzufinden. Und dann, vor ihren Augen, begann Devīs schlanker Körper ein wenig dicker zu werden, sodass er sich perfekt zum Umarmen eignete. Und Devī hörte die *Saktis* sagen: „Oh,

Devī, diese Idee, die du hast, ist zu viel für uns zu ertragen– zu wunderlich. Bitte, tu es nicht!“ Und Devī sagte: „Nein, es ist perfekt. Das ist genau so, wie ich es haben möchte.“

Wenn wir einmal die vedāntische Lehre verstanden haben, ist es unsere Pflicht zu versuchen, diese Lehre so weit wie möglich in die Praxis umzusetzen. Das Maß, in dem Amma Vedānta lebt, mag für uns unerreichbar sein. Dennoch sollten wir ihre Vollkommenheit als Orientierungshilfe für unsere Lebensreise betrachten. Das bedeutet, dass wir verstehen sollten, wie all die göttlichen Qualitäten, die wir in Amma sehen, Spiegelungen der Vedānta-Lehre sind.

Daher sollten wir fest verankert in unserem Verständnis sein und diesen Qualitäten nacheifern. Wir müssen Ammas Geduld nachahmen, ihre Selbstbeherrschung, ihr Mitgefühl, ihre Distanziertheit gegenüber den auftretenden Problemen und den Schmerzen ihres Körpers, ihr Freisein von Vorlieben und Abneigungen, die Schnelligkeit, mit der sie sich für andere aufopfert und ihnen zu Hilfe eilt. All dies! Wie Śaṅkarācārya in seinem Kommentar zum zweiten Kapitel der Bhagavad-Gītā sagt: „In allen spirituellen

Schriften werden die Eigenschaften einer verwirklichten Person als spirituellen Übungen für die Suchenden dargestellt."[53]

Diese Bemühungen, mit dem Vedānta-Verständnis kombiniert, führen uns allmählich von *jñānaṁ* zu *jñāna-niṣṭhā*.

Aus der höchsten Perspektive betrachtet ist auch der *Mind* nur *Māyā* [Illusion]. Das heißt, wenn wir nicht der *Mind* sind, was kümmert es uns, wenn er leidet? Einige herausragende vedāntische Lehren vertreten dies. Letztlich haben sie Recht. Außerdem wird der *Mind* immer bis zu einem gewissen Grad schwanken. Er ist Materie, genauso wie der Körper. Nur weil wir vedāntisches Wissen haben, heißt das nicht, dass unser Arm, wenn jemand darauf schlägt, nicht schmerzt. In ähnlicher Weise gehören Emotionen zum *Mind*. Bis zu einem gewissen Grad werden sie da sein. Letztlich besteht die Befreiung nicht darin, den *Mind* zu kontrollieren, sondern darin, zu verstehen: „Ich bin nicht der *Mind*." Wir sind keine *Avatāras* wie Amma. Ihr Maß an

[53] Bhagavad-Gītā, 2.55: sarvatra eva hi adhyātma-śāstre kṛtārtha-lakṣaṇāni yāni tāni eva sādhānani upadiśyante yatna-sādhyātvāt.

niṣṭhā sollte uns den Weg weisen, aber es mag Jahrtausende dauern, bis die Welt wieder einen *Mind* sieht, der solch *niṣṭhā* besitzt. Trotzdem ist es unser *Dharma*, ständig danach zu streben, unseren *Mind* zu verbessern und zu disziplinieren – unseren *Mind* mit dem vedantischen Wissen in Einklang zu bringen. Gleichzeitig sollten wir nie vergessen: „Ungeachtet in welchem Zustand der *Mind* sich befindet, haben *Mind*, Gedanken und Emotionen keinen Einfluss auf mich, das Zeugen-Bewusstsein."

Dies sind keine Widersprüche. Wir sollten verstehen, dass wir nicht der *Mind* sind, und uns dennoch stets bemühen, ihn zu verbessern. Auch wenn wir vielleicht Advaita Vedānta verstehen, bedeutet dies nicht, dass wir unsere mentale Disziplin jemals aufgeben sollten. Wir sollten täglich Zeit in Meditation verbringen, *Archana* praktizieren, unser Mantra chanten und uns in *Seva* engagieren. Denn, obwohl die höchste Lehre des Advaita lautet: „Ich bin nicht der *Mind*, sondern reine Existenz-Bewusstsein-Glückseligkeit", haben wir, wenn wir diese Glückseligkeit genießen wollen (wenn wir *advaita-makaranda*, der non-dualen Honig, der wir sind, schmecken wollen), nur ein Mittel– die Spiegelung dessen in unserem *Mind*.

Daher sollten wir nicht aufhören, unseren *Mind* zu reinigen und zu pflegen, selbst wenn das, was sich in ihm spiegelt, letztlich nicht das wahre Ich ist. Nachdem wir die advaitischen Lehren des Guru und der Schriften verstanden haben, führen wir diese Handlungen nicht mehr aus, um Befreiung zu erlangen.

Unser Denken wandelt sich zu: „Ich bin frei. Das war ich immer und werde ich immer sein. Aber der *Mind* hat verschiedene Probleme. Lass mich daran arbeiten, sie zu korrigieren. Das hat nichts mit meiner wahren Natur zu tun. Es sollte ein lebenslanges Projekt sein, diesen *Mind* so zu reinigen und ihn so harmonisch wie möglich mit dem Rest der Schöpfung einzustimmen. Auf diese Weise kann ich freundlicher und liebevoller sein. Auf diese Weise wird die Liebe in mir nicht ‚wie Honig in einem Stein gefangen' sein, wie Amma sagt, sondern kann frei mit allen geteilt werden."

Hier betont Vedānta die Bedeutung von *nididhyāsanam*. Zuerst hören wir zu und lernen Vedānta vom Guru – *śravaṇam*. Dann klären wir alle auftretenden Zweifel, indem wir nachdenken und Fragen stellen – *mananam*. Wenn wir dann, sobald das Wissen vollständig und klar ist, den Zustand von *niṣṭhā* erreichen wollen, wenn wir also wollen, dass das Wissen unseren *Mind* völlig durchdringt, so wie es bei Amma der Fall ist, dann müssen wir absichtlich in diesem Wissen verweilen. Dies wird *nididhyāsanam* genannt. Wissen, das den unterbewussten *Mind* noch nicht durchdrungen hat, ist nicht viel anders als Wissen, das in den Büchern steht.

Amma sagt: „Wir mögen unzählige Male hören, dass wir nicht der Körper, der *Mind* oder der Intellekt sind – dass wir die Verkörperungen der Glückseligkeit sind. Aber wir vergessen dies, selbst wenn wir mit trivialen Problemen konfrontiert werden. Ständige Übung ist daher unerlässlich, wenn wir inmitten von Schwierigkeiten auch stark sein wollen. Wir müssen den *Mind* trainieren, andauernd in diesem Bewusstsein zu bleiben. Der *Mind* sollte darauf trainiert werden, alle Hindernisse aus dem Weg zu räumen, mit der Überzeugung, dass wir keine Lämmer, sondern Löwenjungen sind." Hier bezieht sich Amma auf *nididhyāsanam*.

In Amerika der 1960er-Jahre gab es eine sehr beliebte Fernsehsendung namens „The Andy Griffith Show“. Sie drehte sich um einen Kleinstadt-Sheriff und seinen egoistischen, ungestümen Hilfssheriff, gespielt von dem Komödianten Don Knotts. In einer Episode beginnt der Hilfssheriff, Judo zu lernen. Er fragt den Sheriff, der viel größer ist als er, ob er ihm ein paar Techniken zeigen kann. Er sagt dem Sheriff, er solle ihn angreifen. Das Problem war, dass der Hilfssheriff sich nur an seine Verteidigungsgriffe erinnert und sie demonstrieren konnte, wenn ihn der Sheriff in Zeitlupe und genauso wie im Buch abgebildet angreift. Wenn der Sheriff aber mit voller Geschwindigkeit oder auf eine andere Art und Weise, als im Buch, den Hilfssheriff angreift, landet dieser unweigerlich auf dem Boden. So wie Judo nur hilfreich ist, wenn unser Unbewusstes davon durchdrungen ist, so ist es auch mit Vedānta. Das ist *niṣṭhā*. Darin liegt der wahre Wert. Man mag die Judo-Techniken zwar beherrschen, aber wenn man sie nicht ausreichend geübt hat, stehen sie einem nicht ohne weiteres zur Verfügung. Genauso müssen wir auch „Vedānta üben“, bis es zum festen Bestandteil unseres Denkens, Gehens und Sprechens wird.

Amma beklagt oft: „Die Leute wollen einen Rabatt. Also gebe ich Rabatte. Aber wenn man zu viel Rabatt bekommt, sinkt die Qualität." Was Amma meint, ist, dass sie uns niemals zwingen wird. Wenn wir nicht meditieren, *Archana* und *Seva* usw. machen wollen, wird Amma uns nicht abweisen. Sie wird uns nicht aus der *Darshan*-Line herausziehen. Sie wird uns weiterhin ihre Liebe und ihr Mitgefühl schenken. Sie wird uns diesen „Rabatt" gewähren. Aber wer verliert durch diesen Rabatt? Die Qualität der Früchte, die wir aus unserem spirituellen Verständnis erhalten, geht verloren; ihre Qualität nimmt in direktem Verhältnis zu dem Rabatt ab, den wir in Anspruch nehmen.

Unser *Mind* braucht wirklich ein gewisses Maß an Subtilität, damit das vedāntische Wissen Früchte tragen kann. Deshalb heißt es traditionell, dass man, bevor man beginnt Vedānta zu studieren, ein gewisses Maß an *sādhana-catuṣṭaya saṁpatti* – wörtlich: den Reichtum, der aus vier spirituellen Praktiken entsteht –, kultivieren sollte.[54] Daher brauchen wir Unterscheidungsvermögen, Losgelöstheit und „Sehnsucht nach dem Ziel". Wir brauchen mentale Disziplin und eine Disziplin der Sinne. Wir brauchen einen friedvollen *Mind*, der sich auch konzentrieren kann. Wir müssen uns zu einem gewissen Maß nach Innen wenden können und Vertrauen in die Lehren des Guru und der Schriften haben. Wenn wir *sādhana-catuṣṭaya saṁpatti* auf einem hohen Niveau besitzen und wir vom Guru angewiesen werden, dämmert *Atma-jñānaṁ* rasch und *niṣṭhā* folgt fast wie von allein.

Aber wie erlangt man diese Qualitäten? Sie entstehen durch ein Leben mit Werten – ein Leben der Güte und Wahrhaftigkeit, der Geduld,

[54] Wie bereits erwähnt, bedeuten „vier" spirituelle Praktiken in Wirklichkeit „neun", weil eine der vier eigentlich sechs sind. Also, das sind *viveka, vairāgya, mumukṣutvaṁ* und *śāmādi-ṣatka saṁpattiḥ* (*śama, dama, uparama, titikṣā, śraddhā* und *samādhāna*) – Unterscheidungsvermögen, Anhaftungslosigkeit, Wunsch nach Befreiung und der sechsfache Reichtum, beginnend mit geistiger Disziplin: mentale Disziplin, Sinnesdisziplin, Enthaltsamkeit, Nachsicht, Glaube und Achtsamkeit. Sie dürfen niemals aufgegeben werden.

des Mitgefühls und der Demut. Sie entstehen durch das Praktizieren von *Karma-Yoga* und durch eine disziplinierte Meditationspraxis. Vielleicht können wir Vedānta verstehen, ohne diese Dinge tun und ohne *sādhana-catuṣṭaya saṁpatti* zu haben. Schließlich können wir heutzutage sogar Vedānta an Universitäten studieren. Aber die Studierenden erlangen nicht die Verwirklichung und ihre Professor*innen auch nicht. Warum eigentlich nicht? Sie haben das Wissen dank des „Rabatts" *sādhana-catuṣṭaya saṁpatti* zu überspringen bekommen. Wir sollten darauf achten, dass wir die Selbsterkenntnis nicht mit demselben „Rabatt" anstreben. Wenn wir Vedānta verstehen, aber trotzdem nicht das Gefühl haben, dass wir dadurch den emotionalen Nutzen erlangen, dann liegt das Problem in unserem mangelnden mentalen Reinheitsgrad. Sollte das der Fall sein, dann müssen wir uns mehr anstrengen, um *sādhana-catuṣṭaya saṁpatti* zu entwickeln. In der Tat sollten selbst *sannyāsīs* niemals Disziplin aufgeben, und *sādhana-catuṣṭaya saṁpatti* weiter vertiefen.

Der beste Weg, um sicherzustellen, dass wir in Bezug auf *sādhana-catuṣṭaya saṁpatti* immer gewissenhaft sind, ist eine enge und hingebungsvolle Beziehung zu einem *Satguru* wie Amma . Unsere hingebungsvolle Bindung an den Guru ist der beste Weg, um in diesen Disziplinen standhaft zu bleiben. Im Leuchten von Ammas Vollkommenheit wird die Negativität unseres *Mind* bloß gelegt. Konfrontiert mit dieser Negativität, inspiriert uns die Kombination aus dem Guru, seine Ermutigung und unsere Hingabe. Diese Kombination ist Gnade, und sie bringt weitere Gnade mit sich. Auf der Erfahrungsebene ist Gnade immer wesentlich: Gnade, um den *Mind* zu reinigen; Gnade, um unsere Bindung an den Guru zu entwickeln; Gnade, um den Anweisungen des Guru zu folgen; Gnade, um die Lehren des Guru zu verstehen; Gnade, um dieses Verständnis zu verinnerlichen. Durch und durch benötigen wir Gnade. Wie die Upanischaden sagen:

> yasya deve parā bhaktiḥ yathā deve tathā gurau | tasyaite kathitā hyārthāḥ prakāśante mahātmanaḥ ||

> Nur dem Großen, der sowohl Gott als auch dem Guru höchste Hingabe entgegenbringt,

> wird die innere Bedeutung dessen, worüber [in den Upaniṣaden] gesprochen wird, offenbart. [55]

Wie Amma zu sagen pflegt: „Es ist nicht genug zu sagen, ‚ich bin *Brahman* ‘. Wir sollten die Natur von *Brahman* in unseren Handlungen zum Ausdruck bringen. Selbst wenn uns jemand ärgerlich anbrüllt, sollten wir in der Lage sein, ruhig zu bleiben, ohne ärgerlich zu werden. Wir sollten unterscheiden: ‚Ich bin nicht der Körper, ich bin *Atmā*. Wenn ich *Atmā* bin, dann gibt es keinen Grund für verletzte Gefühle.‘ Ein Mensch verdient es, als jemand bezeichnet zu werden, der *Brahman* erlangt hat, wenn er niemanden hasst. In diesem Zustand hat er kein Gefühl, der Minderwertigkeit oder Überlegenheit. Alles ist in ihm. Wir sind *Brahman.* Aber es reicht nicht aus, dies nur zu sagen. Das Gefühl, *Brahman* zu sein, sollte in uns aufkommen.

Sowohl die Jackfruit als auch der Samen der Jackfruit sind *Brahman.* Die Jackfruit gibt Süße, doch der Samen nicht. Er muss sprießen, wachsen, ein Baum werden und dann Jackfrüchte tragen. Bis dahin ist der Samen

---

[55] Śvetāśvatara Upaniṣad, 6.23

nicht gleich dem Baum oder der Frucht. Der Baum ist im Samen enthalten, aber er befindet sich in einem unmanifestierten Zustand. Wenn man ihn richtig hegt und pflegt, kann aus dem Samen ein Baum werden. Ebenso können auch wir den Zustand von *Brahman* erreichen, wenn wir uns bemühen. Aber welchen Sinn hat es, uns *Brahman* zu nennen, wenn wir uns um Nahrung und Kleidung sorgen und den Körper als ewig betrachten? Seht euch die *Mahatmās* an. Sie hassen niemanden. Mit einem Lächeln mischen sie sich unter die Menschen. Sie führen die Welt an und betrachten alles mit dem immer gleichen Blick. Das ist es, was uns als Vorbild dienen sollte. Zunächst brauchen wir eine regelmäßige Disziplin. Durch regelmäßige Disziplin bauen wir den Zaun, der notwendig ist, um die junge Pflanze der Spiritualität vor den Tieren des Materialismus zu schützen."

So lasst uns danach streben, Ammas Lehren und die der Schriften mit Glauben und Hingabe zu verstehen und zu verinnerlichen. Lasst uns immer in universellen Werten wie Mitgefühl, Selbstlosigkeit und Demut verwurzelt bleiben. Lasst uns Losgelöstheit von unseren egoistischen

Impulsen entwickeln. Lasst uns der Welt mit Aufrichtigkeit, Freundlichkeit, Losgelöstheit und Sorgfalt dienen. Auf diese Weise – mit gefestigtem Wissen und zunehmend subtilerem *Mind* – wird die göttliche Wirklichkeit für uns allmählich zu einer immer greifbareren Erfahrung, im Inneren wie auch im Äußeren. So werden wir in der Lage sein, Vedānta sowohl zu verstehen als auch – wie Amma – Vedānta zu leben.

Im November 2019 war Amma in Europa als Teil einer ihrer letzten Auslandsreisen vor der Corona-Pandemie und den darauffolgenden langen weltweiten Lockdowns. Am Ende eines langen *Darshan* in Marseille, Frankreich, der ununterbrochen seit dem Morgen stattfand, wandte sich Amma an die Devotees. Mit dem Blick auf die Tausende Menschen, die sie an diesem Tag umarmt hatte, sagte Amma: „Ich sehe so viele, voller Traurigkeit. Warum seid ihr so traurig? Wenn ihr nur sehen könntet, was ich sehen kann. Ich sehe diese unendliche, unglaubliche Freude, die in jedem einzelnen von euch steckt. Aber sie ist durch vielen Schichten von Traurigkeit verdeckt; deshalb könnt ihr sie nicht sehen. Ich kann sie nicht für euch entdecken. Aber für euch wäre es so einfach. Ihr müsst nur erkennen, dass die Freude da ist. Sie ist da! Sie ist da!“

Amma sagte, dass sie das Gefühl hatte, dass die Mehrheit die vedantische Essenz verstanden habe, aber das Problem sei, dass ihr Verständnis nicht in einem friedlichen und disziplinierten *Mind* verwurzelt sei. Sie betonte dann immer wieder, dass wir, damit die advaitische Selbsterkenntnis Früchte trägt, zuerst den *Mind* durch die verschiedenen spirituellen Praktiken reinigen und zum Schweigen bringen müssen: durch selbstlose Handlungen, Meditation, Werte-Orientiertheit und Gleichmut usw.

Obwohl Amma mehr als 12 Stunden lang ununterbrochen *Darshan* gab und obwohl das Programm am nächsten Morgen bald beginnen würde, sang Amma, Nirvāṇa Ṣaṭakam. Das ist das bereits erwähnte *stotraṁ*, welches Śaṅkarācārya schrieb. Die ersten drei Viertel eines jeden Verses benennt die differenzierten Aspekte der erfahrenen Welt – den Körper, den *Mind* usw. – vom Wahren Selbst. Das letzte Viertel verkündet dann triumphierend *cid-ānanda-rūpaḥśivo 'haṁśivo 'ham* || – „Ich bin Śiva, von

Natur aus reines, Bewusstsein, Glückseligkeit. Ich bin Shiva! Ich bin Shiva!"

Amma sagte allen Devotees, dass sie, während sie den *Bhajan* singen, ihre Augen schließen und sich erlauben sollten, all ihre Bindungen zu vergessen. Amma sagte: „Der hier gemeinte Śiva ist nicht Śiva, der Gott. Śiva bezieht sich hier auf *paramatmā*, das höchste Selbst. Zumindest für die Dauer dieses Liedes schließt eure Augen und vergesst, dass ihr ‚so und so' seid. Vergesst all das, und während ihr singt, glaubt fest: ‚Ja, ich bin das höchste Selbst. Ich bin das höchste Selbst.'" Als Amma den *Bhajan* sang, deutete sie jedes Mal, wenn sie das letzte Viertel der s*totra* sang, mit einer Geste auf die Devotees und dann auf sich selbst, als wolle sie sagen: „Das seid ihr! Das bin ich. Es ist die Wahrheit von uns allen." *Śivo 'haṁśivo 'ham*."

Dies ist die höchste Lehre von Amma und von Advaita: Du selbst bist der ewige Frieden und das Glück, nach dem du dein ganzes Leben lang gesucht hast. Du bist nicht der Körper oder der *Mind*. Du bist reine Existenz-Bewusstsein-Glückseligkeit. Du bist der eine göttliche Faden, auf dem alle Herzen aufgereiht sind. Alle Namen und Formen entstehen in dir, sind in dir erhalten und gehen in einem ewigen Kreislauf wieder in dir ein. Da du alles als Essenz durchdringst, kann dich nichts je berühren oder dir schaden. Du bist diese Wahrheit. „Du bist das! Du bist das!"

Mögen wir alle mit Ammas Gnade dazu gelangen, diese höchste heilige Wahrheit zu verstehen, wertzuschätzen und zu leben.

|| oṁ lokāḥ samastāḥ sukhino bhavantu
„Mögen alle Wesen überall glücklich sein."

Glossar

Adi Śaṅkarācārya Heiliger, der zwischen dem achten und neunten Jahrhundert n. Chr. gelebt haben soll und als Guru und Hauptvertreter der Advaita (nicht-dualen) Philosophie betrachtet wird.

Advaita wörtlich „nicht zwei"; nicht-duale Philosophie, die davon ausgeht, dass der Jiva (individuelle Seele) und der Jagat (Universum) eins sind mit Brahman, der Höchsten Wirklichkeit.

Ahaṅkāra Ego oder das Gefühl vom Rest des Universums getrennt zu sein.

Advaita Makaranda „Der Nektar der Nicht-Dualität": Ein kurzer vedantischer Text, bestehend aus 28 Versen von Sri Lakshmidhara Kavi, der Wissen mit der Süße des Honig vergleicht.

Ānanda Glückseligkeit.

Ānandamaya kośa die Hülle der erlebten Glückseligkeit; die letzte der Pañca-kośas

ananta ohne Ende

Annamaya kośa die Nahrungshülle die den physischen Körper beinhaltet; es ist die erste der Pañca-kośas.

Anubhava Erfahrung

amṛta unsterblich

Apauruṣeya Wissen, dessen Berechtigung keinen menschlichen Ursprung hat.

Arcana Verehrung durch rezitieren der 108 oder 1000 Namen einer bestimmten Gottheit (z.B. Lalita Sahasranama).

Arthāpatti Erkenntnis durch Vermutung

Ashram ‚Ort des Strebens'. Ein Ort, an dem spirituelle Suchende leben oder sich aufhalten, mit dem Ziel ein spirituelles Leben zu führen. Gewöhnlich werden die Suchenden von einem spirituellen Meister, Heiligen oder Asketen, hier anleitet.

Asti Existenz

Ātma das Selbst oder Bewusstsein.

Ātmabodha ist ein kurzer Sanskrit-Text, der Adi Śankara von der Advaita Vedanta-Schule zugeschrieben wird. Der Text beschreibt in achtundsechzig Versen den Weg zur Selbsterkenntnis oder dem Bewusstsein des Atman.

Ātma-anātma Unterscheidung zwischen dem Selbst und dem Nicht-Selbst.

Ātma-jñānaṁ Wissen um das Selbst oder Atma, Selbterkenntnis

Ātma-jñānī Eine Person die Selbsterkenntnis erlangt hat.

Avasthā-traya Unterscheidung zwischen dem Selbst und dem Wachzustand, dem Traumzustand und dem Tiefschlafzustand

Avatār göttlichen Verkörperung, der sich des Zwecks seiner Geburt und seiner Identität mit Gott voll bewusst ist.

avayava ohne Verfall

avināśa ohne Zerstörung

Bhagavad-Gītā Die Bhagavad Gita ist neben den Upanishaden und den Brahma Sutras eine der drei maßgeblichen Hauptquellen von Vedanta. Die Bhagavad Gita, welche auf dem Schlachtfeld entstand, ist ein Gespräch zwischen Schüler und Lehrer und behandelt alle moralischen und spirituellen Lehren, die ein Mensch kennen muss, um ein rechtschaffenes Leben zu führen und das ultimative Ziel des Menschenlebens zu verwirklichen.

Bhajans hingebungsvolle Gesänge

Bhāti Bewusstsein
Bhoktṛtvam Genussfähigkeit
Brahman die ultimative Wahrheit jenseits aller Attribute. Das allwissende, allmächtige, allgegenwärtige Substrat des Universums.
Brahmacārī ein zölibatärer lebender männlicher Schüler, der unter einem Meister spirituelle Disziplinen praktiziert.
Brahma Sutras Eine der drei Hauptquellen von Vedanta, zusammen mit der Bhagavad Gita und den Upanishaden. Die Brahma Sutras systematisieren und fassen den philosophischen und spirituellen Inhalt der Upanishaden zusammen und verbinden die scheinbar widersprüchlichen Aussagen der Upanishaden miteinander.
Cārvāka eine alte Schule des indischen materialistischen Glaubens, die das Konzept einer unsterblichen Seele ablehnt.
Cit reines Bewusstsein
Cid-ānanda-rūpa der dessen Natur Bewusstsein-Glückseligkeit ist.
Damaru eine kleine sanduhrförmige Trommel. In Indien ist die Damaru als Instrument von Shiva bekannt, welches geschaffen wurde, um den Rhythmus des Universums vorzugeben.

Darśan eine Begegnung mit einer heiligen Person oder einer Vision des Göttlichen. Ammas Darshan erfolgt in einzigartiger Form einer mütterlichen Umarmung.

Dharma/dharmisch bedeutet im Sanskrit „das, was (die Schöpfung) aufrechterhält". Meistens bezeichnet in Harmonie mit dem Universum der Schöpfung.

Devi Göttin, göttliche Mutter

Dṛg-Dṛśya Unterscheidung zwischen dem Sehenden und dem Gesehenen,

Dṛg-Dṛśya Viveka ein alter Text, der aus 46 ślokas besteht und auf eine systematische Betrachtung des „Sehers" (Dṛg) und des „Gesehenen" (Dṛśya) eingeht.

Guru spiritueller Lehrer

Jīva/Jīvatmā individuelle Seele. Nach Advaita Vedanta ist der Jivatma keine begrenzte individuelle Seele, sondern ein und dasselbe wie Brahman, der auch als Paramatma bezeichnet wird, die eine Höchste Seele, die sowohl die materielle als auch die intelligente Ursache des Universums ist.

Jñāna Spirituelle Weisheit

Jñānī eine Person, die Gott oder das Selbst verwirklicht hat. Jemand, der die Wahrheit kennt.

Kāli die Göttin mit furchterregendem Aussehen; sie wird als dunkel dargestellt und trägt eine Girlande aus Schädeln und einen Gürtel aus menschlichen Händen. Sie ist der weibliche Aspekt von Kāla (Zeit).

Karma Handlung; mentale, verbale oder physische Aktivität. Auch die Wirkungskette, die durch unsere Handlungen hervorgerufen wird.

Kośa Hülle

Kartṛtvaṁ Handlungsfähigkeit

Kṛṣṇa die Hauptinkarnation von Vishnu. Er wurde in einer königlichen Familie geboren, wuchs aber bei Pflegeeltern auf und lebte als junger Kuhhirte in Vrindavan, wo er von seinen treuen Gefährten, den Gopis und Gopas, geliebt und verehrt wurde. Später gründete Krishna die Stadt Dwaraka. Er war ein Freund und Berater seiner Vettern, der Pandavas, insbesondere Arjuna, dem er während des Mahabharata-Krieges als Wagenlenker diente und dem er seine Lehren in Form der Bhagavad Gita offenbarte.

Mahātmā wörtlich: ‚große Seele', jemand, der spirituelle Verwirklichung erreicht hat.

Mananam Reflexion, zweiter Schritt des dreistufigen Prozesses zur Selbstverwirklichung, den Vedanta dargestellt.

Māta Amritānandamayi Devi Ammas offizieller Ordensname bedeutet „Mutter der unsterblichen Glückseligkeit" und wird oft mit dem Präfix Sri versehen, um die Glückseligkeit zu verdeutlichen.

Manomaya kośa die mentale Hülle, welche die Sinnesorgane sowie alle unsere Gedanken und Gefühle umfasst. Es ist die dritte der Pañca-kośas.

Māyā Illusion. Nach Advaita Vedanta ist es Māyā, die den Jivatma dazu bringt, sich fälschlicherweise mit Körper, Mind und Intellekt zu identifizieren, anstatt mit seiner wahren Identität, dem Paramatma.

Mind Fluss, all unserer Gedanken, Gefühle, Konzepte und innewohnenden Neigungen, der mit dem Pendel einer Uhr verglichen werden kann. Wie das Pendel einer Uhr schwingt der Mind ununterbrochen von Glück zu Leid und wieder zurück.

Mithyā unwirklich, wechselnd, daher unbeständig. Auch: illusorisch oder unwahr. Vedanta zufolge ist das gesamte sichtbare Universum mithya

Moksa Erlösung aus dem Geburts-Todes-Kreislauf, dem obersten Ziel des menschlichen Lebens gemäß der Sanatana-Dharma-Tradition.

Neti-neti der Unterscheidungsprozess von ‚Nicht dies, nicht das'

Nididhyāsanam Kontemplation, letzter Schritt des dreistufigen Prozesses zur Selbstverwirklichung, den Vedanta dargestellt.

nitya ewig

Nirvāṇa Ṣaṭakam stotraṁ ein berühmtes Stotram, geschrieben von Adi Śaṅkarācāra, von Amma regelmäßig gesungen.

Niṣṭhā der Zustand, in dem man solide, unerschütterlich und fest verankert im Wissen ist.

Naiṣkarmya Siddhi eine Abhandlung über Advaita Vedanta, geschrieben von Sureśvara, einem der direkten Schüler von Ādi Śaṅkara.

Paramatmā Das Höchste Wesen, das höchste Selbst.

Pārvatī Sivas Gefärtin

Pauruṣeya Wissen das über die Sinne erlangt wurde, menschliches Wissen.

Pramātṛtvam Erkenntnisfähigkeit

Pañca-kośa Unterscheidung zwischen dem Selbst und den fünf Hüllen. Die fünf Hüllen sind: Annamaya kośa; Prāṇamaya kośa; Manomaya kośa; Vijñānamaya kośa; Anandamaya kośa

Prakṛti Mutter Natur oder Ursprüngliche Natur, in diesem Buch wird es als Materie genutzt.

Prāṇamaya kośa die Energiehülle, die unser gesamtes neurologisches, kardiovaskuläres, endokrines System usw. steuert. Es ist die zweite der Pañca-kośas

Priyam Glückseligkeit

Purāṇa Epos oder Sammlung von Geschichten, die darauf abzielen, die Lehren der Veden durch konkrete Beispiele allen zugänglich zu machen.

Puruṣa Das Höchste Selbst, in diesem Buch wird es als Seele genutzt.

Saccidānanda Existenz, Bewusstsein, Glückseligkeit

Sādhana-catuṣṭaya saṁpatti den Reichtum, der aus vier spirituellen Praktiken entsteht.

Sādhana Spirituelle Praxis

Sādhu ein religiöser Asket, Bettelmönch oder eine andere heilige Person

Sākṣī Zeuge

Sākṣyaṁ Bezeugtes

Samādhi wörtlich: „Aufhören aller geistigen Bewegungen"; Eins-Sein mit Gott; ein transzendentaler Zustand, in dem man jeden Sinn für die individuelle Identität verliert; Vereinigung mit dem Absoluten; ein Zustand intensiver Konzentration, in dem das Bewusstsein vollständig vereinheitlicht ist.

samavāya Saṁbandha inhärente Beziehung

sanātana ewig

Śaṅkarācārya Heiliger, der zwischen dem achten und neunten Jahrhundert n. Chr. gelebt haben soll und als Guru und Hauptvertreter der Advaita (nicht-dualen) Philosophie betrachtet wird.

Sannyasi ein Mönch, der das formale Entsagungsgelübde abgelegt hat. Ein Sannyasi trägt traditionell ein ockerfarbenes Gewand.

Sāri ein langes Stück Stoff, das von indischen Frauen getragen wird.

Śakti der dynamische Aspekt von Brahman als die Universelle Mutter. Mit śaktis werden in diesem Buch die göttlichen Helfer und Helferinnen benannt.

Sat Wahrheit

Satsang Sat: Wahrheit;

Sanga Verbindung, in Gesellschaft von Weisen und Rechtschaffenen oder spirituellen Lehrer Zeit zu verbringen.

Satyaṁ Wirklichkeit

śāvata zeitlos

Scriptures spirituelle Texte

Seva selbstloser Dienst, dessen Ergebnisse Gott gewidmet sind.

Siṁhāvalokananyāya Maxime des zurückblickenden Löwen

Śiva der statische Aspekt von Brahman als das männliche Prinzip. Wird als Erster in der Linie der Gurus und als formloses Substrat des Universums in Beziehung zur Schöpferin Shakti verehrt. Er ist der Herr der Zerstörung in der Dreifaltigkeit von Brahma (Herr der Schöpfung), Vishnu (Herr der Erhaltung) und Śiva. Normalerweise wird er als Mönch dargestellt, mit Asche am ganzen Körper, Schlangen im Haar, nur mit einem Lendenschurz bekleidet und mit einer Bettelschale und einem Dreizack in den Händen.

Śravaṇam Zuhören, erster Schritt des dreistufigen Prozesses zur Selbstverwirklichung, der von Vedanta dargestellt wird.

Śruti Wahrheit aus den Schriften

Stotraṁ eine literarische Gattung indischer religiöser Texte, die dazu bestimmt ist, melodisch gesungen zu werden.

Sūnyaṁ allumfassende Leere

Sūnya-vāda die Theorie der Leere

Śuka Sohn von Vyasa und Hauptautor vom Bhagavatam

Sūtras Aphorismen

Swāmī Titel einer Person, die das Sannyasa-Gelübde abgelegt hat.

Upanishad Eine der drei maßgeblichen Hauptquellen der Vedanta, zusammen mit der Bhagavad Gita und den Brahma Sutras. Von den 108 bekannten Upanishad-Texten gibt es zehn sogenannte „Haupt-Upanishaden", für die Adi Sankaracharya Kommentare geschrieben hat.

Vedanta wörtlich: „Das Ende der Veden". Es bezieht sich auf die Upanishaden, die sich mit dem Thema Brahman beschäftigen.

Vākyapadīya Ein berühmtes Werk, das als endgültige Autorität in Bezug auf die grammatikalische

Behandlung von Wörtern und Sätzen gilt und von späteren Grammatikern oft zitiert wird. Geschrieben von Bhartrhari (auch Hari genannt) aus dem siebten Jahrhundert.

Viveka Chudamani das Kronjuwel der Unterscheidung, ein einführender Text zu Vedanta, geschrieben von Adi Śaṅkarācārya und seit vielen Jahrhunderten als Lehrbuch des Advaita geschätzt.

Vijñānamaya kośa die Hülle, die unser Selbstwertgefühl als eigenständiges Individuum umfasst, also das Ego. Es ist die vierte der Pañca-kośas.

Vyasa Vater von Śuka, Verfasser der Veden und Autor von 18 Puranas, den Brahmasutras, dem Mahabharata und dem Śrimad Bhagavatam. Da er die Veden in vier unterteilte, ist er auch unter dem Namen Veda Vyasa bekannt.

Viveka Unterscheidung, insbesondere die Unterscheidung zwischen dem Ewigen und dem Vergänglichen

Yogāsana Yoga Position

Yogi ein Übender oder ein Kenner von Yoga.

Yukti Logik

www.ingramcontent.com/pod-product-compliance
Lightning Source LLC
LaVergne TN
LVHW020354090426
835511LV00041B/3041
* 9 7 8 1 6 8 0 3 7 8 7 5 7 *